Walter Smetak:
O Alquimista dos Sons

COLEÇÃO SIGNOS/MÚSICA

DIRIGIDA POR
livio tragtenberg
gilberto mendes
augusto de campos
lauro machado coelho

SERVIÇO SOCIAL DO COMÉRCIO – SESC SP
administração regional no estado de são paulo
PRESIDENTE DO CONSELHO REGIONAL: abram szajman
DIRETOR REGIONAL: danilo santos de miranda
SUPERINTENDENTES: ivan giannini (comunicação social)
joel naimayer padula (técnico-social)
luiz deoclécio massaro galina (administração)
e sérgio josé battistelli (assessoria técnica e de planejamento)

EDIÇÕES SESC SP
GERENTE: marcos lepiscopo
GERENTE ADJUNTO: walter macedo filho
COORDENAÇÃO EDITORIAL: clívia ramiro
PRODUÇÃO EDITORIAL: fabiana cesquim
COLABORADORES DESTA EDIÇÃO: marta colabone e andréa de araújo nogueira

EDIÇÃO DE TEXTO:
marcio honorio de godoy

REVISÃO DE PROVAS
luis henrique soares

PROJETO GRÁFICO
lúcio gomes machado

PRODUÇÃO
ricardo w. neves, sergio kon
e raquel fernandes abranches

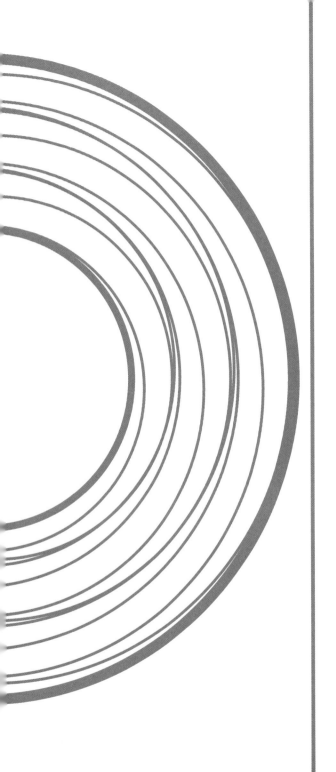

# WALTER SMETAK: O ALQUIMISTA DOS SONS

## MARCO SCARASSATTI

Dados Internacionais de Catalogação
na Publicação (CIP)
(Câmara Brasileira do Livro, SP, Brasil)

Scarassatti, Marco Antonio Farias
    Walter Smetak, o alquimista dos sons /
    Marco Antonio Farias Scarassatti. – São Paulo:
    Perspectiva: Edições SESC SP, 2008. –
    (Signos música; 10)

    Bibliografia.
    ISBN 978-85-273-0840-3 Perspectiva
    ISBN 978-85-98112-75-6 Edições SESC SP

    1. Compositores – Biografia  2. Músicos –
    Biografia  3. Plásticas sonoras  4. Smetak, Walter,
1913-1984 – Apreciação crítica  I. Título.  II. Série.

08-09364                              CDD-780.92

        Índices para catálogo sistemático:

    1. Compositores : Vida e obra     780.92
    2. Músicos : Vida e obra     780.92

SESC São Paulo
Edições SESC SP
Av. Álvaro Ramos, 991
03331-000   São Paulo   SP   Brasil
Telefax: 55 11 2607-8000
edições@sescsp.org.br
www.sescsp.org.br
2008

Direitos reservados à
EDITORA PERSPECTIVA S.A.
Av. Brig. Luís Antônio, 3025
01401-000   São Paulo   SP   Brasil
Telefax: 55 11 3885-8388
www.editoraperspectiva.com.br
2008

À memória do artista
e professor Julio Plaza

e a Bárbara Smetak

# Sumário

NOTA DE EDIÇÃO – *J. Guinsburg* ................................................................. 13

WALTER SMETAK – *Danilo Santos de Miranda* ........................................ 15

PARA MUITO ALÉM DO ANEDÓTICO – *Livio Tragtenberg* .................... 19

PRETEXTOS ................................................................................................. 23

PARTE I.
A TRAJETÓRIA DO ARTISTA

  1   A Trajetória do Artista .......................................................................... 29

  2.  Nascimento e Formação: da Europa ao Brasil, Tocando
      pela Sobrevivência.............................................................................. 37

  3.  Da Luteria à Plástica Sonora ............................................................. 45

  4.  Do Microton ao Silêncio .................................................................... 57

  5.  A Associação Amigos de Walter Smetak............................................ 71

PARTE II.
O PROCESSO DE CRIAÇÃO

  6.  O Processo Criativo de Walter Smetak................................................ 77

  7.  A Divina Vina como Síntese de um Procedimento Criativo ................. 87

  8.  Uma Possível Classificação ................................................................ 97

  9.  Diálogo com a Improvisação Smetakiana ........................................... 123

PÓS-TEXTO.............................................................................................. 135

CRÉDITOS DAS ILUSTRAÇÕES............................................................ 143

REFERÊNCIAS BIBLIOGRÁFICAS....................................................... 144

Discografia....................................................................................... 147

Obras de Outros Compositores Utilizando
as Plásticas Sonoras....................................................................... 147

Filmografia ..................................................................................... 148

ROTEIRO E CRÉDITOS DO CD............................................................ 149

## Nota de Edição

Com este décimo volume de sua coleção Signos Música, a editora Perspectiva dá seguimento ao seu propósito de levar ao conhecimento do público interessado a música de vanguarda e as realizações revolucionárias no domínio do som. Em um mapeamento em que ficam assinaladas as características do pensamento, das obras e das interpretações de Beethoven, Schoenberg, Boulez, Shostakóvitch, além de estudo de conjunto da música no teatro, na tradição hindu e nas idéias de Nietzsche, intérpretes como Livio Tragtenberg, Augusto de Campos, Alberto Marsicano, Lauro Machado Coelho e Fernando Barros trouxeram à luz concepções e técnicas que permitiram e permitem concretizar este movimento em que se revelam cada vez dimensões inusitadas do universo musical. Neste contexto se inscreve Marco Scarassatti com *Walter Smetak: O Alquimista dos Sons*. O leitor encontrará aqui não só um resgate da contribuição de Walter Smetak na ampliação instrumental das materializações dos meios e espectros musicais, como a pontuação da sua originalidade nos modos de expressão de uma musicalidade que tem avançado em regiões eventualmente invisíveis ou desconhecidas, até há pouco, na pauta das composições e criações dessa arte.

*J. Guinsburg*

# Walter Smetak

> Um objeto sim
> Um objeto não,
> Eubioticamente atraídos
> Pela luz do Planalto Central
> Das Tordesilhas[1]

Umberto Eco, ao analisar a visão da obra de arte enquanto energia inexausta, propõe um caminho aos críticos: não reduzirem a obra a um jogo de signos estruturados e deixá-la levitar em todas as suas determinações possíveis[2]. Ao artista cabe transformar: sentidos, percepções, desejos. Uma multiplicidade que ignora as fronteiras do significado e que reordena a matéria.

Anton Walter Smetak (1913-1984) acreditava que o som era o todo, tudo. Uma ampliação da esfera do ser, ao entrelaçar movimento, tempo e espaço, como um novo paradigma. Um contínuo exercício de criação que transgride a natureza efêmera do sonoro e se restitui, enquanto som-visual.

Na modernidade de Stravínski, Stockhausen, Cage e os irmãos Baschet, o compositor Walter Smetak estabeleceu nas artes do século XX uma pesquisa acústica que dialoga com as referências contemporâneas da apropriação da matéria e do ambiente. Nesta síntese, o músico deglutiu a cultura oriental e a ciência, espiritualidade milenar e engenharia, num amálgama do improviso: antropofagia e alquimia. Um bruxo que fez tremer as paredes da igreja de São Francisco de Assis em Ouro Preto e criou fama[3]. Mero efeito da acústica. Quem diria, o poder era da Física.

Da Suíça para o Brasil. Do sul do país para a relação irresistível com a Bahia, que se originou do convite de Hans-Joachim Koellreutter e Ernst Widmer para Smetak lecionar composição e violoncelo, seu instrumento de formação, nos Seminários de Música na Universidade Federal da Bahia – UFBA, espaço responsável por reunir e introduzir a música contemporânea no Pós-

---

1  Gilberto Gil, 1969, em Bené Fonteles, *Giluminoso: a Po.Ética do Ser*. São Paulo: SESC, 1999, p. 57.

2  Referência às análises de Jacques Derrida e Cesare Brandi, em Umberto Eco, *A Estrutura Ausente*, São Paulo: Perspectiva,1987, p. 278.

3  *Veja*. 18 de agosto de 1971.

Guerra. Neste reduto, o contato com a cultura pautada na diversidade étnica e sonora levou Smetak ao poético, enredado pelos experimentos e ideais transitivos.

Os instrumentos produzidos com cabaça, bambu, cabo de vassoura, mecanismo de relógio, cordas, harpa, sinos, gongo e tantos outros materiais, consubstanciavam seus ensinamentos: *o instrumento é um templário, um templo em miniatura e expressa uma doutrina*[4]. Matriz de significados. Mitos que remetem a mitos: Mundo, Chori Sol e Lua, Vida, Árvore, Barco, Borel, os Chori, Bimono, Lamelofone, Fecundação Cósmica, Disco Voador, Vir a ser, M2005, Reto na Curva, Três Sóis, Divina Vina e os coletivos: A Grande Virgem, Pindorama e Apitos, entre tantas Plásticas-Sonoras.

Esse percurso híbrido e reverberante presente na visualidade das obras de Walter Smetak transparece no estudo do pesquisador e também músico Marco Scarassatti. Numa extensa análise acerca dos documentos, instrumentos, gravações, entrevistas e textos do compositor e teórico musical, o autor reconstituiu fragmentos materiais e imateriais, numa prospecção biográfica que desvelou a substância vital do processo criativo de Smetak: a unicidade entre o espiritual e o fazer musical. Uma delicada tarefa de reflexão sobre a trajetória de experiências do violoncelista, centrada em seu incansável desejo pela dúvida enquanto método, que transparece na tessitura de sua vida. Larga audaciosa e, sobretudo, complexa.

Scarassatti enced por vezes no seu próprio processo de criação para assim poder interpretar a obra do suíço em seu universo mítico, que repercutiu por gerações de músicos brasileiros, entre os quais, os tropicalistas: Gilberto Gil, Rogério Duprat, Caetano Veloso, Gereba, Tom Zé, Tuzé de Abreu, além de Marco Antônio Guimarães e o grupo Uakti. Compositores que transitaram por seus ensinamentos e souberam traduzir o devir musical smetakiano:

> Smetak, Smetak & Musak & Smetak
> & Musak & Smetak & Musak
> & Razão[5]

Na amplidão dos sentidos que perpassa corpo, palavra, som e ambiente, a permanência da cultura possibilita sublimar as experiências que se ramificam da obra de Walter Smetak. O SESC SP contribui dessa forma ao propagar seu acervo, tão bravamente preservado pelos familiares e amigos, e suas idéias, por meio de ações educativas desenvolvidas nas várias exposições de seus instrumentos, como: *Luthiers: Esses Maravilhosos Construtores de Sons: Tak,*

---

4 Walter Smetak, *A Simbologia dos Instrumentos*, Salvador: Ed. Omar G, 2001, p. 96.
5 Caetano Veloso, Épico, *Araçá Azul,* Polygram, 1973.

*Tak,* no SESC Rio Preto (1996), *Paisagens Plásticas e Sonoras* (2005) no SESC Pinheiros e *Invenções Sonoras* no SESC Consolação (2007). E, agora, com esta publicação, a editora Perspectiva e o SESC SP oferecem a possibilidade de fluir pelos conceitos e desejos deste revolucionário alquimista do som.

*Danilo Santos de Miranda*
Diretor Regional do SESC SP

# Para Muito Além do Anedótico

A obra de Walter Smetak "atacou de frente" as questões mais relevantes para o criador musical no século XX: microtonalismo, não-temperamento da escala musical, invenção de novos instrumentais, improvisação, instrumentos coletivos, relação entre as linguagens artísticas.

Isso não é pouco. Ainda mais em se tratando de um ambiente musical avesso às inovações que fujam ao controle dos grupos estabelecidos na universidade e nas instituições musicais.

Smetak era sobretudo um heterodoxo, um franco atirador, um elefante solto na loja de louças. Um furacão indomado no ambiente amestrado da música erudita.

Justifica-se o uso da expressão "atacou de frente" em seu caso, pois Smetak estabeleceu um verdadeiro corpo a corpo com a matéria sonora.

Vêm à mente alguns músicos com essa vocação empírica, como o mexicano Julian Carrillo, os norte-americanos Charles Ives, Henry Cowell, John Cage, Conlon Nancarrow, Harry Partch e Lou Harrison, Walter Smetak, Joaquín Orellana, entre os mais conhecidos; a partir dos quais se pode imaginar que a reunião desses náufragos alinhava o esboço de uma possível tradição americana de música realmente experimental no sentido quase que artesanal do termo.

Uma certa vocação para o "faça você mesmo", tão cara à tradição libertária de um Thoreau e Emerson, diferencia-se do conservadorismo da chamada música moderna (que se autodenomina como tal, alinhando-se a tradição da música de concerto dos séculos anteriores no continente europeu) e que opera dentro dos limites da chamada música erudita, com suas técnicas, métodos, sistemas, instrumentais e instituições.

Ao abandonar a escala temperada – uma conquista do capitalismo protestante analisada por Max Weber – Smetak estava dando adeus a toda uma concepção de música. Não apenas técnica, mas sociológica e filosófica.

Em sua exploração dos intervalos microtonais ecoava toda uma escuta relacionada as práticas musicais da Europa Oriental, da Ásia e Índia.

Inventando escalas e temperamentos ao mesmo tempo em que criava os instrumentos sonoros. Essa concepção conjugada é uma das particularidades da obra de Smetak.

No entanto, novos parâmetros exigem novas práticas. Surge então mais um elemento fundante de seu universo criativo: a improvisação.

Tomada como uma atitude também mística, a improvisação liberta o instrumentista, o praticante da música. A composição abandona sua herança teleológica e converte-se em devir. Pode ser conversada, papeada e tocada. Não responde mais a uma narrativa construída, mas à conversa, ao diálogo. Em seu universo, improvisação significa prática, no sentido ritual da palavra. Convivência com os instrumentos, as idéias e os tempos.

**Um Admirável Ouvido Novo**

Os avanços obtidos com a tecnologia digital de áudio propiciam um aprofundamento nos conhecimentos relativos ao som e à sua materialidade.

Em sua época, Smetak já chamava a atenção para essa materialidade (mas também para a espiritualidade) do som, de forma solitária em nosso contexto musical, muito mais preocupado em reproduzir modelos, padrões e em empregar técnicas de composição da *neue musik* européia.

Smetak sabia que todo um universo ainda estava por ser explorado, e que certamente ele não cabia mais num pentagrama ou em séries numéricas. Ele pertencia a um campo de estruturas instáveis e dinâmicas: um ambiente de caos e imprevisibilidade.

Assim, à sua maneira e com os meios disponíveis, lançou-se à especulação a respeito do som, da música, dos símbolos e dos sentidos integrados.

E mais, aprofundou-se em reflexões acerca das relações entre som e homem. Buscou toda uma cosmogonia que lhe fornecesse uma leitura de universo à parte e à margem do cientificismo, encontrou isso na Eubiose.

Buscou integrar, criar sinergia entre som, composição, instrumento, percepção e recepção. Os instrumentos musicais ganharam assim uma dimensão plástica, conceitual e esotérica.

À maneira das obras de um Marcel Duchamp, nas quais os títulos e nomes dados se convertem em verdadeiras formulações à parte, como uma marginália; os nomes dos instrumentos criados por Smetak indicam conceitos, intenções, proposições que vão muito além da simples representação verbal de uma sonoridade ou atmosfera sonora, mas se revelam como verdadeiras plataformas de imaginação, fantasia e conceito.

Buscou, em seu instrumental, expor e materializar inquietações filosóficas, existenciais ou tão-somente sonoras. Fauna vária, suas *plásticas sonoras* incluem instrumentos para serem tocados, olhados, sentidos. Criou, ainda, instrumentos para serem tocados por grupos de pessoas, expressando uma prática distante da música tradicional: idéias coletivistas e dionisíacas.

As *plásticas-sonoras* dialogam também com o ambiente das artes visuais dos anos de 1960 e 1970 no Brasil, especialmente com o trabalho de Hélio Oiticica. A utilização de materiais da natureza e do imaginário popular como a cabaça (que desempenha um papel central na cosmogonia visual smetakiana, uma espécie de bulbo-ovo-placenta, ambiente de reprodução, ressonância, de sons e símbolos), re-significados num novo contexto visual e sonoro, aproximam seus objetos-instrumentos às construções de Oiticica, de diferentes períodos: como os penetráveis e os parangolés.

## A *Persona* Smetak

Ao longo dos anos, criou-se a personagem Smetak, com histórias e anedotas, enfim, com todo um imaginário mistificador que não deixa de contar sobre sua personalidade múltipla e exuberante.

Mas o Smetak criador, o pensador (delirante, sim, nada cartesiano), fica em segundo plano sob essa abordagem, digamos, folclorizante, que busca confiná-lo na esfera do anedótico e do superficial.

Certamente e, felizmente, não é o caso de *Walter Smetak: O Alquimista dos Sons*, de Marco Scarassatti.

Imbuído de um interesse genuíno e independente em abordar o signo Smetak, Scarassatti nos conduz através de sua busca, de suas revelações, com uma clareza de linguagem pouco comum a teses e dissertações universitárias.

Aborda a multiplicidade de ações e interesses do compositor suíço-baiano com o cuidado que necessita, sem a ansiedade de conclusões e elaboração de chaves de compreensão sistêmica.

Há muito ainda para se conhecer e se revelar. Este livro é um ótimo início.

Grande parte dos escritos de Walter Smetak é ainda praticamente inacessível. Seus instrumentos e partituras sofrem com a instabilidade – conceito natural e talvez essencial em se tratando de Walter Smetak – de seus materiais e das instituições que deveriam preservá-los. Criador livre e independente, não se preocupava com aspectos como conservação, perenidade e catalogação de sua ação criativa.

O conhecimento da obra de Walter Smetak é, certamente, muito útil aos criadores da atualidade, uma vez que ele coloca problemas e questões que, se na sua época eram vistos como quimeras de um *gringo maluco* (no conservador ambiente do Recôncavo), mostram-se, hoje, inquietações atualíssimas na exploração do mundo dos sons, das imagens e das idéias.

*Livio Tragtenberg*
*de-compositor*

# Pretextos

A primeira vez que me defrontei com o nome Smetak foi quase por acaso, lendo o livro *Artigos Musicais* de Livio Tragtenberg. A sonoridade que aparecia em uma aliteração poética: "Smetak, trak, trak" e o texto que se seguia instigou-me a conhecer as tais Plásticas Sonoras. Nunca me saíram da cabeça. Porém, a possibilidade concreta da investigação em torno de suas pesquisas deu-se apenas anos depois, durante um curso de Acústica Musical, em que confeccionei um instrumento inspirado no mecanismo da Ronda smetakiana.

A figura fascinante do compositor suíço, sua trajetória em solo baiano, a devoção de ilustres discípulos e suas pesquisas inusitadas situadas entre escultura, mística e música, empurravam-me em direção à dúvida: quem realmente foi Smetak, como criava intermediando expressões de naturezas distintas e por que sua obra estaria definhando, como que fadada ao abandono e ao esquecimento?

Estas questões impulsionaram a pesquisa de mestrado desenvolvida no departamento de Multimeios, no Instituto de Artes da Unicamp, sob a orientação do artista e professor dr. Julio Plaza Gonzalez (*in memoriam*) e tendo financiamento da Fapesp. Na investigação sobre o processo criativo de Smetak, defrontei-me com a quase total ausência de trabalhos acadêmicos sobre o referido compositor suíço, ao mesmo tempo em que sua figura de ilustre desconhecido e uma certa aura de mistério e excentricidade em torno de seu nome faziam com que muitos dos artigos de jornal sobre o artista fixassem-se na sua figura como o guru, bruxo e mago dos sons, camuflando o real sentido da sua criação.

No entanto, aproveitando o fato de muitas das pessoas que conheceram e trabalharam com Smetak estarem vivas e, por ser esta pesquisa inédita, abriu-se a possibilidade de se levantar e registrar o depoimento destas fontes vivas de informação. Junto a isso, o levantamento do acervo, incluindo recortes de jornais e revistas da época, o inventário da sua produção plástica, sonora, literária e musical, constituíram os caminhos iniciais para o delineamento do estado da arte da obra do compositor e sobre ele.

Na visita ao acervo, parte dele alocada em Salvador, no prédio da Biblioteca Central do campus de Ondina, da Universidade Federal da Bahia – UFBA –, e outra parte no prédio da reitoria da mesma universidade, foram encontradas

59 fitas de rolo, todas, salvo pouquíssimas exceções, em péssimo estado de conservação. São registros preciosos de ensaios, apresentações e experiências que necessitam, urgentemente, serem recuperadas.

As partituras musicais, tanto as escritas para instrumentos convencionais quanto para suas Plásticas Sonoras, não foram encontradas nem no acervo e tampouco na Biblioteca da Escola de Música da UFBA. A própria família, detentora dos direitos autorais sobre a obra do compositor, ainda hoje tem dificuldade de encontrar e reunir todas as partituras.

No que se refere aos instrumentos, dos 176 instrumentos criados por Smetak, segundo os estatutos da Associação Amigos de Walter Smetak, fundada após sua morte, foram encontrados expostos apenas quarenta, sendo que, no fichamento feito por ocasião da inauguração da sala da Biblioteca Central do campus de Ondina, da UFBA, encontrava-se o número de 62 instrumentos. Hoje, alguns deles estão quebrados, guardados ou simplesmente desaparecidos. Muitos dos instrumentos quebrados, segundo ex-alunos de Smetak, já estavam assim desde a época em que ele ainda estava vivo. Sobre os desaparecidos, encontrei uma correspondência da ex-mulher e mãe dos seus filhos, Julieta, para o cineasta Luiz Carlos la Saigne, logo após a morte do compositor, em que a viúva de Smetak queixava-se da falta de, pelo menos, oito instrumentos que deviam ter sido roubados da sala onde se encontravam. O próprio fichamento feito em 1986 é bastante incompleto já que, segundo a museóloga Mirna Conceição, responsável por ele, foi feito às pressas para a inauguração e abertura de uma sala no prédio da Biblioteca Central da UFBA, onde ficariam os trabalhos de Smetak. Anos depois, essa sala foi solicitada para abrigar um outro acervo, ficando parte da obra do suíço no *hall* de entrada da antiga sala. Hoje, embora boa parte das Plásticas Sonoras esteja novamente abrigada em uma sala no prédio da biblioteca da mesma universidade, o acervo carece de um projeto de preservação e alocação apropriadas.


**Impacto Primeiro**

O reflexo primeiro frente à obra plástico-sonora de Smetak é a sensação de estarmos frente a algo que transita entre o velho, quase milenar, o genuinamente novo, ou, até mesmo, o atemporal, mítico. Esta transitoriedade revela-se desde o aspecto da constituição material de suas esculturas, estando entre algo que nos reporta aos povos primeiros, pela utilização de materiais, tais como a cabaça e o bambu, mas que se mistura à utilização de materiais residuais do homem contemporâneo, colados num contexto diferente dos desígnios originais destes objetos, formando um instrumento híbrido de contemplação plástica e sonora, numa proposição de uma arte una, que englobasse as demais.

Smetak colecionava objetos abandonados que coletava nas ruas, formando um banco de peças que aguardariam uma empreitada em que pudessem ser utilizadas. No tocante às suas Plásticas Sonoras, não havia um planejamento estrito da sua forma final, o que havia era o progresso do projeto no decorrer da pesquisa.

O trabalho de Smetak, em sua totalidade, ultrapassa o universo da bricolagem ou da assemblagem; sua produção assim como transita entre o novo, o velho e o mítico, do ponto de vista do seu *modus operandi*, situa-se entre a reflexão mitopoética do *bricoleur* e a elaboração minuciosa aliada à capacidade artesanal do artista engenheiro. Porém, a constituição material de sua obra plástica fixada na utilização do objeto encontrado, mesmo com alguma pré-elaboração de projeto, depende da ressignificação que seus utensílios lhe permitem.

Além do aspecto material, Smetak conceitua suas esculturas a partir de crenças e ensinamentos derivados das seitas secretas orientais repassadas ao Ocidente pela obra de Helena Blavatski (1831-1891), digeridas pela Eubiose, de Henrique José de Souza (1883-1969). Em sua obra, o compositor refere-se aos preceitos eubióticos que, por sua vez, também se constituem em uma reflexão mítica, justamente por lidarem com conceitos já formulados por outras culturas, reorganizados dentro de uma estrutura de iniciação espiritual hierarquizada.

Compreendia que som e luz advinham da mesma natureza, o Éter, pensamento muito semelhante ao dos alquimistas renascentistas, em particular de Athanasius Kircher[1]. Esta narrativa desempenhada pela Plástica Sonora desenvolve-se em uma ação que transita entre o conceito, a imagem e o som, em que cada elemento constituinte assume esse trânsito entre suas representações múltiplas, compondo e encerrando em si esta estrutura narrativa.

E, nesse trânsito, Smetak refere-se, ao mesmo tempo, ao antigo, apropriando-se de objetos da cultura contemporânea, sejam conceitos, sejam materiais, garimpando-os e destituindo-os de seus significados primeiros. Com isso, propõe a desconstrução já que a retórica e a lógica do seu pensamento não se constituem pela linha de desenvolvimento da música e pensamento ocidentais; Ele desmantela esses processos e constrói seu imaginário colando os cacos na formação de um conceito novo. Sua origem suíça nada tem a ver com isso; seu gesto parece muito mais transitar entre um antropofagismo religioso e uma reconstrução de uma ponta dionisíaca perdida no novelo da cultura ocidental, para uma reaproximação e diálogo com o espírito apolíneo.

---

1 Jesuíta alemão que viveu entre 1602 e 1680, publicou o livro *Musurgia Universalis* (1650) uma enciclopédia musical em que trata dos mistérios do som, sua origem e parentesco com a luz e a teoria dos afetos, entre outros assuntos relativos ao universo musical. Suas referências são claramente influenciadas pelos textos alquímicos renascentistas.

Com suas Plásticas Sonoras, Smetak aproxima as duas entidades, de um lado a plasticidade material associada ao deus Apolo, de outro uma música absolutamente não figurativa, não melódica, não consonante. Propõe, inclusive, uma música intuitiva em que o *imprevisto é irmão da improvisação.*

### A Necessidade de Preservação

O grande objetivo da pesquisa realizada e aqui apresentada é discutir o processo criativo de Walter Smetak, procurando enfocar: a multidisciplinaridade de sua obra; o empirismo e o espírito científico de suas pesquisas; a simbologia e a utilização de materiais rústicos e precários em suas esculturas; e a improvisação como sistema de composição. Demonstrando, desta maneira, que a concepção e construção de um novo instrumento não é apenas um trabalho de busca de novas formas, de novos timbres, mas, sim, extensão do trabalho de criação e composição artística, fazendo da aproximação escultor-compositor, ferramenta não só de composição musical, mas, também, de criação artística multi, trans e interdisciplinar.

Ao discutir, no hibridismo e no empirismo da obra de Walter Smetak, a aquisição de ferramentas para a criação multi, inter e transdisciplinar dentro do contexto atual de reaproximação entre a arte e a ciência e, também, entre as artes de uma maneira geral, este material proveniente de uma pesquisa de campo e teórica procura gerar subsídios para discussões posteriores em torno da experimentação e integração entre as artes.

Por outro lado, a ausência de mais estudos sobre o conjunto de sua obra dificulta a preservação do seu acervo. Atualmente, após um período em que sofreu a dura ação do tempo, do abandono e do esquecimento, correndo sério risco de deterioração total, vê-se – muito embora haja projetos e tentativas da família em trazer à tona o trabalho de Smetak – a ausência de um projeto de preservação à altura do que foi o processo criativo e a relevância do artista no cenário nacional, elevando seu acervo à condição de patrimônio cultural material e imaterial.

# I
# A TRAJETÓRIA DO ARTISTA

# 1.
## A Trajetória do Artista

> Não sou mais arara. Sou homem,
> Mas não sou homem público. Sou um ser enigmático,
> Para os outros e para mim mesmo. Eu não sei,
> O que posso ser amanhã […]
> Sendo EU o próprio esquecimento de mim mesmo
> Eu vejo o meu universo e de todos,
> Isto é, de um ponto ainda não fixo
> *onde estou com os outros Eus*
>
> Smetak

"Toda obra de arte é filha de seu tempo e, muitas vezes, mãe dos nossos sentimentos", partindo desta conclusão tirada por um artista como Vassíli Kandinski[1], fazer a contextualização histórica do trabalho de Walter Smetak torna-se imprescindível não com o intuito, evidentemente, de encaixá-lo em algum movimento, mas, antes de tudo, identificando em Smetak procedimentos, influências e, até mesmo, correspondência com alguns dos movimentos artísticos deste período que, acima de tudo, o integra não ao movimento, mas à sua época, ao século do qual sua obra fez e faz parte. E como coloca Augusto de Campos:

é impossível deixar de situá-lo no tempo histórico. E ao fazê-lo observamos que, à parte as características personalíssimas do seu trabalho, ele se insere num quadro de preocupações artísticas e espirituais comuns a outros mestres modernos que têm buscado, na pesquisa do microtom, ampliar o nosso horizonte de sensibilidade, rompendo com enraizados hábitos auditivos e aproximando a arte ocidental das práticas do Oriente[2].

No ambiente de modernidade no qual o mundo encontrava-se no início do século XX, pouco mais de cem anos após a Revolução Industrial, em pleno

---

[1] *Do Espiritual na Arte*, p. 27.
[2] *Música de Invenção*, p. 87.

auge da era das máquinas e da Primeira Guerra Mundial, enfim, diversos fatores ecoaram no pensamento musical da época. A busca de uma música que retratasse este novo panorama levou alguns artistas à criação de novos meios de obtenção de som, novos instrumentos, novo instrumental musical. A começar pelo futurista italiano Luigi Russolo (1885–1947) e sua série de Intonarumori (entoadores de ruídos) que, na verdade, não passavam de engenhocas mecânicas geradoras de zumbidos, estalos, roncos e outros ruídos. Apesar de não dar prosseguimento às suas pesquisas musicais, a sonoridade urbana de seu trabalho influenciou o compositor francês Edgar Varèse (1883–1965). Em sua obra não encontramos a construção de um novo instrumento, porém, a sonoridade da instrumentação de suas composições conduz, com refinamento, através de meticulosas combinações sonoras, à sonoridade urbana moderna. Obras como *Hiperprisma* deixa-nos claramente esta impressão. Da mesma maneira, com este nome de obra, antevia este século como sendo o do ímpeto científico nas artes.

Em 1915, Varèse emigrou para os Estados Unidos onde realizou praticamente todo o conjunto de sua obra. O ambiente norte-americano era de total efervescência e desprendimento em relação à tradição da música européia. Isto contribuiu em muito para a inventividade do trabalho de compositores como Charles Ives (1874–1951) e Henry Cowell (1897–1965). Neste caso, a figura de Cowell torna-se central pela criação de novos instrumentos, a utilização de improvisação em conjunto e a exploração dos instrumentos convencionais. Na mesma linha de pesquisa encontramos Harry Partch (1901–1974) que construía seus próprios instrumentos muitas vezes com o aproveitamento de objetos encontrados e fazendo pesquisa microtonal, chegando a construir instrumentos para tocar sua escala microtonal de 43 sons por oitava. Sua obra incluía ainda a dança e o drama, especialmente as composições da década de 1950 e 60.

A procura da sistematização da microtonalidade (música feita com intervalos menores do que um semitom) aparece na obra de compositores como do tcheco Alois Hába (1893–1972), "grande arauto do microtonalismo em nosso século"[3], dos russos Nikolai Obuhov e Ivan Vishniegradski. Outro exemplo nesta mesma linha de pesquisa é o mexicano Juan Carrillo (1875–1965), que desenvolveu uma escala de 96 sons e instrumentos que produziam estes intervalos.

No início da década de 50, os irmãos Bernard (1917), engenheiro acústico, e François Baschet (1920), escultor, aproximaram arte e ciência e deram impulso a uma obra basicamente ligada a três preocupações fundamentais: a pesquisa estética no campo do som, nos domínios da forma e na função socio-educativa da arte, pensando na participação do público.

Criaram, desse modo, objetos híbridos classificados, pelos próprios irmãos Baschet, em dois grupos: as Esculturas Sonoras e as Estruturas Sonoras. No pri-

3 Idem, p. 88.

meiro caso, o domínio formal se sobrepõe ao som, destinando-se às exposições, aos museus e aos projetos arquitetônicos. No segundo caso, o domínio sonoro, no objeto, é priorizado em relação à forma, já que são verdadeiros instrumentos musicais.

No início, centraram suas pesquisas nos princípios acústicos dos instrumentos musicais, procurando, posteriormente, agir sobre cada um deles inovando o material e o modo de produção sonora. Dessa forma, chegam a resultados extremamente interessantes e inovadores, como as varetas de vidro que, como elementos vibrantes, são acionadas através dos dedos umedecidos do executante que, ao friccioná-las, produzem som. Inovam, também, nos dispositivos de amplificação do instrumento, utilizando balões infláveis e chapas de alumínio como caixas de ressonância.

Na construção de seus instrumentos, os Baschet experimentaram formas e materiais não usuais para um instrumento musical; foram os primeiros a fazer uso do potencial das ondas internas dos metais para propósitos acústicos, além de conseguirem sistematizar as características e potencialidades sonoras dos mesmos.

Ainda na metade do século XX, com o desenvolvimento dos meios eletrônicos, o compositor podia "trabalhar diretamente seu material, como um pintor ou escultor; compunha os próprios sons da sua peça, ouvindo o resultado imediatamente"[4], o que despertou o interesse de muitos músicos e técnicos em eletrônica. Experiências como as da música concreta, em Paris, realizadas por Pierre Schaffer (1910–1995) e Pierre Henry (1927), que consistiam, basicamente, em apropriar-se de sons naturais ou mesmo não usuais e, a partir da manipulação da gravação destes sons, reorganizá-los em um novo discurso musical, deram um impulso às experiências eletrônicas e eletroacústicas.

A influência oriental exercida na música ocidental que se reflete, inclusive, na tentativa da produção de srutis – intervalos menores que o semitom, comuns na tradição hindu –, encontra-se em composições como *Prélude à l'Après-Midi d'un Faune* (1894), de Debussy, passando por Ravel, *Shéhérazade* (1903) e Puccini, *Turandot* (1924) sem haver, no entanto, um estudo efetivo da música oriental, apenas limitando-se, cada compositor, "a introduzir elementos orientais em obras de forma e estilos ocidentais"[5].

Contudo, a partir de John Cage (1912–1992), inicialmente influenciado pelos estudos de música balinense do compositor norte-americano Colin McPhee (1901–1964), é que a há uma incorporação da filosofia e música orientais ao processo de composição musical. Incorporação esta encontrada, também, em Harry Partch (1901–1974), Messiaen (1908–1992), Boulez (1925), Stockhausen (1928–2007), Steve Reich (1937) e Koellreutter (1915–2005).

---

**4** P. Griffiths, *A Música Moderna*, p. 146.
**5** Idem, p. 115.

Decididamente, a arte no século XX foi marcada não só pela ruptura mas também pela aproximação entre o fazer artístico e o conhecimento científico, assim como pela reaproximação entre as linguagens artísticas: música, dança, teatro, artes plásticas, posteriormente a fotografia, o cinema, o vídeo, culminando com a multimídia, após o advento e desenvolvimento do computador, na atualidade. O processo de interação entre as linguagens expressivas se deu paralelamente ao desenvolvimento tecnológico dos meios sociais de comunicação, ao esvaziamento das próprias linguagens – na medida do seu desenvolvimento e esgotamento através dos tempos – e à busca de um ideal da arte total.

O som, por sua natureza efêmera, sempre resistiu a uma representação visual, seja ela pictórica ou plástica – que não a do grafismo cartesiano, da notação musical. Muito embora as associações entre a audição e a visão, no sentido das suas correspondências, estejam entre as formas de relacionamento audiovisual das mais antigas, expressar um som através de uma forma plástica sempre se dava apenas na condição da artesania do *luthier*.

O *luthier* ou construtor de instrumentos, na funcionalidade do seu trabalho em reproduzir e em experimentar formas que obtenham as melhores possibilidades tímbricas, partindo do artesanato na criação de instrumentos musicais, aproximaria dois potenciais de naturezas distintas: o plástico e o sonoro, porém, dentro de um contexto de criação mais artesanal que artística.

Com a ruptura da base tonal no século passado, sustentáculo das grandes formas musicais do passado e, hoje em dia, após o advento dos meios de manipulação eletrônicos, com a incorporação sistemática do ruído à composição musical e desta com a música concreta, a utilização, nos últimos anos, de aparelhos eletrônicos e digitais e, especialmente, com o desenvolvimento realizado nas décadas de 1960 e 70, nas áreas de síntese sonora e composição musical, o material musical utilizado pelo compositor foi, consideravelmente, ampliado, passando a sua escrita não somente a agir sobre as durações e as alturas, mas, também, e com a mesma importância, sobre o timbre.

A pesquisa e a criação de novos timbres, novos sons, muitas vezes conduz o compositor a trabalhar também na concepção de novos instrumentos ou na extensão e no desenvolvimento dos instrumentos musicais já existentes. Fernando Iazzeta defende a idéia de que cabe a quem produz música a aquisição "de novos conhecimentos culturais: união entre músicos e engenheiros, artistas e técnicos, e uma aproximação entre arte e ciência"[6]. Neste contexto de criação artística insere-se a aproximação do músico ao artista plástico na busca não somente de novos materiais sonoros ou plásticos, mas também na aquisição de conhecimentos que possibilitem a discussão sobre uma linguagem única que conjugue essas e demais linguagens expressivas. Esta idéia contemporânea

6 *Música: Processo e Dinâmica*, p. 131.

defendida por Iazzeta encontra ressonância no Renascimento, por exemplo, quando a atividade intelectual, segundo Zilsel[7], dividia-se entre a escolástica, as ciências humanísticas e as atividades manuais. Neste período, cujas transformações desembocariam na ciência moderna, os construtores de instrumentos, ao lado de pintores e escultores, eram considerados como artistas-engenheiros.

Dentro deste novo universo artístico apresentado no século XX, há que se destacar a importância do compositor suíço Walter Smetak que, a partir de pesquisas acústicas, chegou à concepção e criação de novos instrumentos musicais ou, como ele próprio os denominava, "Plásticas-Sonoras"[8], objetos que agregavam duas linguagens expressivas.

Definir sua obra torna-se tão difícil quanto definir o próprio Smetak. Violoncelista, compositor, artista plástico, poeta, designer, filósofo, esotérico, um decompositor contemporâneo, como ele próprio se definia. Hoje, podemos arriscar chamá-lo de visionário, como os artistas à frente do seu tempo ou, como ele mesmo dizia, um alquimista, não obedecendo a buscas impulsivas de sons ou variedades de formas mas, antes, a princípios científicos e filosóficos[9]. Colecionava objetos, fragmentos de objetos, símbolos e conceitos de culturas orientais, mesclando-os e ressignificando-os num novo objeto, como um *bricoleur* contemporâneo[10].

Amém

7 The Sociological Roots of Science, em *American Journal of Sociology*, p. 544.
8 W. Smetak, *A Simbologia dos Instrumentos*, p. 58.
9 R. de Moraes, O Alquimista de Sons, *Veja*.
10 "em nossos dias, o *bricoleur* é aquele que trabalha com suas mãos, utilizando meios indiretos se comparados com os do artista", C. Lévi-Strauss, *O Pensamento Selvagem*, p. 32. Ele associa este tipo de trabalho, característico do pensamento mitopoético, ao modo de atividade técnica primeira (termo que prefere ao primitivo).

Como foi dito antes, Smetak foi um homem do seu tempo; a poética de sua escultura pode ser considerada como a do objeto encontrado (assemblagem, bricolagem), experiência oriunda do dadaísmo que utiliza

peças tiradas de vários aparelhos, que originariamente tinham uma função, e insere-as numa nova estrutura, com um significado novo [...]. É a máquina com peças de outras máquinas, utilizando velhos candeeiros, palitos, arames e parafusos que pertenciam a qualquer outra coisa[11].

Além da característica da bricolagem, que tem como precursor Kurt Schwitters (1887–1948), passando pelas esculturas de Picasso (1881–1973), algumas Plásticas Sonoras de Smetak se parecem, em alguns momentos, com máquinas, como aquelas pintadas pelo artista dadaísta Francis Picabia (1878–1953), ou mesmo aquelas que, em três dimensões, parecem brincar com as telas de Juan Miró (1893–1983).

Imprevisto

[11] U. Eco, *A Definição da Arte*, p. 205.

Ao construir na forma e cor das suas plásticas uma rede de significações referentes a mitos e símbolos de culturas diversas, intermediando-as pela atuação performática às possibilidades sonoras instrumentais, Smetak transpõe a condição do instrumento musical, pura e simplesmente, para alcançar a condição de objetos de interação sonora.

Hoje, muitos artistas brasileiros e estrangeiros, influenciados ou não pelo compositor suíço, fazem a junção dos potenciais plásticos e sonoros, assim como dos conceituais de espaço e tempo na forma de instrumento musical, seja ele miniaturizado em forma de escultura musical, ou mesmo expandido, em forma de simulacro, ou instalação sonora. Muito embora o nome Smetak soe, para muitos, como o de um ilustre desconhecido, seu trabalho influenciou, direta ou indiretamente, uma geração de novos artistas que concebem a música a partir da plasticidade da forma da fonte sonora.

Em torno de seu nome sempre houve uma aura de mistério, excentricidade e loucura, o que talvez tenha camuflado a real importância das suas pesquisas no campo da acústica musical e a interação entre expressões distintas, tais como: a escultura e a música. Smetak trabalhou, ainda, em pesquisas para produção de instrumentos cinéticos e na produção de uma gama de ruídos com recursos elétricos e eletrônicos.

# 2.
## Nascimento e Formação: da Europa ao Brasil, Tocando pela Sobrevivência

Anton Walter Smetak nasceu em 12 de fevereiro de 1913, em Zurique, na Suíça. Era filho mais velho do músico Anton Smetak, nascido em 28 de maio de 1878, em Žiželice, Bohemia (hoje, República Tcheca), e da austríaca naturalizada suíça, Frederica Smetak, nascida em 18 de abril de 1884, em Viena. Seu pai morreu em 1955 e sua mãe em 1990 com 106 anos.

Friekerike Jakl, nome de solteira da mãe de Smetak, foi criada por parentes, pois seus pais morreram ainda muito jovens. Estudou canto em Viena onde conheceu e se casou com Anton Smetak, em 1909, mudando-se para Zurique com ele. Anton Smetak, pai, estudou música em Viena. Era um grande virtuose do Zitar – instrumento de cordas muito comum na região do Tirol– e foi chamado a Zurique, Suíça, como regente para o Zurich Zither Verein. Tinha, portanto, sua própria orquestra, era compositor e professor, além de dar concertos em outros países da Europa. Os pais de Walter Smetak ainda tiveram uma filha mais nova, Leone Smetak, nascida em Zurique, em 10 de maio de 1921.

Smetak logo cedo recebeu do pai o estímulo para a iniciação musical. Costumava dizer que seu primeiro contato com a música foi quando, ainda bem pequeno, encostava-se ao pé da mesa aonde seu pai lecionava aulas de música e escutava os sons de seu instrumento pela vibração da madeira da própria mesa. "Quando eu tinha 2 ou 3 anos, eu costumava ficar com o ouvido colado ao pé da mesa em que ele dava suas aulas, intrigado com as dissonâncias que a madeira produzia nos sons emitidos pelo instrumento"[1].

Porém, a atração causada pela obra de Johann Sebastian Bach levou-o a abandonar os desejos do pai – que o queria como seu discípulo no zitar – e verter-se para o estudo do piano. Após um acidente com uma das mãos, a direita, trocou as teclas do piano pelo violoncelo.

Já muito cedo em sua vida, conta sua irmã através de carta[2], que, como estudante, ele sempre esteve interessado na construção de instrumentos. Ao invés de freqüentar aulas, ele passava os dias na oficina do bem conhecido construtor suíço de violinos Adolf Koenig.

Ingressou, em 1929, na Escola Profissional do Conservatório de Zurique[3], freqüentando o curso de violoncelo, além das matérias correlatas: teoria geral da música, harmonia, morfologia, prática de orquestra e piano. Nesta escola teve como professores Carl Hessel e Fritz Reitz. Estudou nesta escola até 1930. Neste período, freqüentou ainda os semestres de inverno, nos anos de 1929 e 1930, da Escola Superior de Música e Arte Teatral de Viena.

Passou, posteriormente, para a Academia de Música e Arte Dramática "Mozarteum" de Salzburg[4], em 1931, onde permaneceu até 1934, período este onde estudou violoncelo com o prof. Grunsky que, conforme veremos adiante, mudou as perspectivas de vida do jovem discípulo. Neste conservatório freqüentou os seguintes cursos: piano, harmonia, morfologia, áudio-formação, harmonia prática, música de câmera e orquestração. Em junho de 1934, freqüentou, ainda, o Novo Conservatório Vienense[5], onde obteve a revalidação do diploma de violoncelista por este conservatório.

Sua formação musical, como podemos ver acima, não deixa de ser a de um músico europeu tradicional. Smetak sempre mencionava em seus currículos que havia aprendido luteria tradicional durante todo o seu estudo musical[6]. Em entrevista publicada no encarte de *Smetak*, seu primeiro LP, disse:

na Europa eu fiz estudos musicais [...] eu freqüentei muito as oficinas dos *luthiers* [...] não teve um dia que eu não estava lá fazendo alguma visita, pedindo explicações [...] e escutando, aprendendo [...] porque lá se via instrumentos maravilhosos, de grande valor.

---

1 R. de Moraes, O Alquimista de Sons, *Veja*.

2 Cartas fornecidas pelo cineasta Daniel Camargo.

3 Konservatorium und Muskhochschule Zürich.

4 Akademie für Musik und Darstellende Kunst "Mozarteum", em Salzburg.

5 Neues Wiener Konservatorium.

6 Conforme currículo de 1976, encontrado em seu acervo. Este aprendizado certamente deveu-se a visitas não curriculares aos ateliês dos *luthiers*, pois não consta nos seus documentos escolares curso algum de luteria.

Nessas visitas, Walter Smetak também experimentou, segundo conta sua irmã, colocar vernizes nos instrumentos de corda para encontrar o segredo dos velhos mestres italianos e, com isso, criar o maravilhoso acento especial dos velhos instrumentos. Ninguém prediria, nesse tempo, o quão importante isso seria para seu futuro no Brasil.

Sua carreira de violoncelista é perpassada por participações como: a Orquestra de Câmara de Zurique, orquestras sinfônicas, pequenos conjuntos, quartetos e trios, além da atuação como solista em muitos concertos. Porém, em uma Europa dominada por um clima hostil ao trabalho e à própria convivência entre as pessoas, ambiente potencializado pelos crescentes rumores de guerra, crise econômica, intolerância com as diferenças estimulada pela ascensão do nazismo, Anton Walter Smetak, resolve emigrar para o Brasil. A respeito do assunto, a jornalista Marisa Alvarez Lima relata que:

A vida para ele, em sua própria terra, pouco antes da Segunda Guerra Mundial, estava se tornando muito difícil. O povo tinha ódio dos nazistas, segundo explica, e, na ânsia de persegui-los, desconfiavam de todos.

Uma noite, na volta de um concerto – já era um violoncelista e compositor famoso – Smetak mal teve tempo de explicar que não era alemão, a pedra já tinha vindo certeira em sua cabeça. Correu pelas ruas apavorado e, chegando em casa, imaginou que este fato, em verdade, poderia ser apenas o começo[7].

Carlos Carvalho[8], em seu depoimento, relata um outro fato contado por Smetak. Após uma briga com o maestro de uma orquestra da qual era integrante, Smetak decide sair da Europa sorteando, aleatoriamente, em um mapa-múndi, o local para onde emigraria. Seu dedo caiu na América do Sul, Brasil mais precisamente. Algumas semanas após a decisão feita ao acaso, ele encontra, em uma estação ferroviária, seu antigo professor Wolfgang Grunsky. Este o convidou para emigrar para o Brasil com a perspectiva de contratação por uma orquestra no sul do país. Conforme carta de sua irmã, Smetak não era conhecido na Suíça como violoncelista. Ele era muito jovem, existiam muitos violoncelistas desempregados, portanto, era muito difícil encontrar uma posição nesse instrumento.

De qualquer modo, ruma para o Brasil, chegando no dia 8 de fevereiro de 1937, contratado pela orquestra da rádio Farroupilha, em Porto Alegre, permanecendo por dois anos nessa orquestra.

Dentro deste mesmo período, de 1937 a 1939, emprega-se, também, na orquestra da rádio Sociedade Gaúcha. Além destas atividades orquestrais, Smetak participou do Trio Schubert, tendo sua estréia no concerto do dia 17 de abril

---

**7** *Marginália*, p. 68.

**8** Foi aluno de Smetak nos Seminários da UFBA e, atualmente, é professor de oboé na Unicamp. Influenciado por Smetak, tornou-se freqüentador da Eubiose.

de 1937, no teatro São Pedro[9]. Lecionou violoncelo no Instituto de Belas Artes do Rio Grande do Sul (Porto Alegre), ainda durante este período.

A respeito de sua estréia como solista no Brasil encontrei, em pesquisa no acervo de Smetak, a tradução de uma crítica publicada no jornal *Deutsches Volksblatt*, de circulação para a colônia alemã e suíça:

Prof. Peyser apresentou o jovem cellista suisso WALTER SMETAK.

O theatro esteve com boa assistencia, notando-se muitos representantes da colonia suissa no local, sendo que este facto em si já demonstra o interesse que seus conteraneos tiveram para com este hábil e competente patrício.SMETAK escolheu para seu primeiro cocerto em Porto Alegre uma composição de difficil execução, Suite nº 2 de J. S. Bach, para cello, que porém foi magnifica e magistralmente executada, como difficilmente ouviremos novamente aqui.

SMETAK é um jovem e magnífico artista, um extraordinário techinico de seu instrumento, tendo á isto alliado uma sensibilidade e concepção magnífica.

O escritor destas linhas, como também todos os presentes, tanto quanto pouderam acompanhar, tinham a impressão de estar na presença de Bach.

Todos nós agradecemos Walter Smetak de todo coração.

Ao final da segunda parte, ouvimos uma Toccata de Frescohaldi Cassado, Streghe de Paganini e Requiebros de Cassado. Depois de Bach tivemos nova impressão e notava-se que a assistência era accessivel para musica mais leviana. Paganini impressionou muito bem e depois de grande applauso para a terceira apresentação, Prof. Smetak viu-se obrigado a dar um extra fóra do programma[10].

Smetak permaneceu no Sul até a dissolução de ambas as orquestras. Em Porto Alegre, durante a Segunda Grande Guerra, confundido com alemão, diz ter sofrido perseguições e hostilidades[11]. Tais fatos obrigaram o músico a tocar pela vida[12], entre São Paulo e Rio de Janeiro. Neste período, apresentou-se em outras orquestras de rádio, cassinos e boates da época, chegando a tocar na orquestra que acompanhava a cantora Carmem Miranda.

Em 1941, Walter Smetak casou-se com a suíça de família alemã, Maja Fausel (vindo a ser Maria Agnes Smetak), no Rio de Janeiro. Maja, 20 anos mais velha do que Smetak, era uma excelente pianista e provinha de uma família muito musical do sul da Alemanha. No período de 1941 a 1951, ele participou da Orquestra Sinfônica Brasileira, das rádios Nacional, Tupi, Guanabara e Teatro Municipal do Rio de Janeiro.

Durante essa época conheceu o violinista Carlos Meirelles Osório, em São Paulo. Osório participava das reuniões da antiga Sociedade Teosófica Brasileira,

9 Conforme programa do concerto.

10 O texto aqui transcrito foi mantido conforme o original.

11 S. Gropper, Smetak, o Bruxo do Mundo dos Sons, *Jornal do Brasil*. Jornal encontrado no acervo do autor.

12 Como ele mesmo cita em uma síntese autobiográfica encontrada em seu acervo, sem data.

fundada pelo baiano Henrique José de Souza. Nascido em 15 de setembro de 1883, na cidade de Salvador, o professor Henrique, como era chamado, reformou os princípios da Teosofia tradicional, recorrendo aos livros e ensinamentos de Helena Blavástky[13] e edificou, em solo brasileiro, um sistema de iniciação espiritual e esotérica considerando o país como centro e berço de uma nova civilização. A Sociedade Teosófica Brasileira, fundada em 1924, transformou-se, em 1928, em Sociedade Brasileira de Eubiose.

Sua disposição básica era o estudo da ciência da vida no sentido da cosmogênese, baseado nos ensinamentos secretos das escolas iniciáticas orientais, que foram divulgados para o mundo através, em parte, de livros. A finalidade traçada por Henrique José de Souza para a Eubiose era:

1. Revelar as leis que regem a evolução humana na face da terra através dos ciclos;
2. Revelar o grande destino brasileiro, berço de uma elite que será a nova civilização;
3. Anunciar a vinda de uma divindade em terras brasileiras que, segundo a Eubiose, trata-se do Avatara Maitreya, nascido em 24 de fevereiro de 1949 e que deveria se manifestar, em nosso mundo, no ano de 2005.

Em princípio, Smetak via com resistência e desconfiança essas idéias, mas, aproximando-se do próprio professor Henrique e de sua família, passou a se dedicar, intensamente, aos estudos iniciáticos da Eubiose, iniciando ali uma mudança significativa na sua concepção de música e mundo.

Durante esse período, além das atividades esotéricas e musicais, dedica-se aos estudos eletrônicos, idealizando e criando um microfone de contato para o piano. Seu invento foi utilizado, com certo êxito, em vários concertos públicos do pianista internacional Friedrich Gulda e em concertos sob a regência dos maestros Eleazar de Carvalho e Souza Lima. Esse microfone, que denominou de Meta-som, também foi experimentado pela pianista Guiomar Novaes.

Entusiasmado com os resultados obtidos, dá entrada, em 1951, ao processo de patente de invenção deste microfone, no Ministério do Trabalho, Indústria e Comércio, Delegacia Regional do Trabalho em São Paulo. Consta, em documento encontrado em seu acervo, a designação "aparelho seletor de som". Porém, por falta de recursos financeiros, Smetak abandona a idéia de industrializar este aparelho transformador de som.

Em 1954, foi aprovado no concurso para a Orquestra Sinfônica do IV Centenário da cidade de São Paulo, que se transformou na Orquestra Sinfônica do Estado, sob regência dos maestros Souza Lima (diretor artístico), Bernardo Federowski

---

**13** Em especial, *A Doutrina Secreta*, de 1888.

(diretor assistente) e Eleazar de Carvalho (maestro convidado). Dentro desse período, ainda, ele trabalhou nas rádios Record, Bandeirantes e Sumaré, em São Paulo.

Neste que considero o primeiro período de sua biografia, Smetak compôs treze peças para piano e três para violoncelo e orquestra de cordas. Essas peças foram executadas em programas de música brasileira na rádio Beromuenster, de Zurique[14]. Além destas obras, ainda constam peças para violoncelo solo, violoncelo e piano, quarteto de cordas, quinteto de cordas e orquestra de cordas. Na publicação da Associação Amigos de Walter Smetak, de 1985, listam-se as seguintes obras deste período:

I. Obras para violoncelo solo:
1. *Capriccio und Suite* – 7 páginas manuscritas, 1933.
2. *13 Estudos Técnicos* – 13 páginas manuscritas, Rio de Janeiro, 26.02.1943 a 25.04.1945.

II. Obras para piano solo:
13 Peças para piano – 64 páginas manuscritas.
1. *Achei a Flor Azul no Mato* – Intermezzo, Vila Romeo, São Paulo, 01.08.1944.
2. *Ella era Tão Bonita, Tão Bonita* – Introdução e Tango, Vila Romeu, São Paulo, 01.08.1944.
3. *Criança Adormecida*, Vila Romeo, São Paulo, 02.08.1944.
4. *Caminhos Cheios de Barro* – Valsa Engraçada, Vila Romeo, São Paulo, 03.08.1944.
5. *Festa de Sant'Antonio*, Vila Romeo, São Paulo, 07.08.1944.
6. *Luar Sobre a Serra* (Pastorale), Vila Romeo, São Paulo, 08.08.1944.
7. *Muito Longe Será a Cidade*, Vila Romeo, São Paulo, 08.08.1944.
8. *Muitos Pintos e Somente uma Galinha*, Vila Romeo, São Paulo, 09.08.1944.
9. *Um Dia de Grande Alegria*, Vila Romeo, São Paulo, 11.08.1944.
10. *Conversa Fiada*, Vila Romeo, São Paulo, 13.08.1944.
11. *Lenda do Norte*, Vila Romeo, São Paulo, 19.08.1944.
12. *Prelúdio e Dança*, Vila Romeo, São Paulo, 26.08.1944.
13. *Liedchen Ohne Jede Bedeutung* (Modinha Brasileira), Zurique, Suíça, 10.05.1956.

III. Obras para violoncelo e piano
1. *O Malandro Assobiando*, 12 páginas manuscritas, Bento Figueiredo, Porto Alegre, Rio Grande do Sul, 01.05.1943.
2. *Em Homenagem a um Espírito Ausente*, 6 páginas manuscritas, Bento Figueiredo, Rua das Misérias, Porto Alegre, Rio Grande do Sul.

---

**14** Segundo currículo da época.

3. *Toada do Mar*, *O Fio de Ariadne*, 6 páginas manuscritas, Porto Alegre, Rio Grande do Sul, 28.05.1942.
4. *Insomnia* (Cântico), 6 páginas manuscritas, São Paulo, 18.07.1944.
5. *A Morte de M. Gandhi* (30.01.1948), com 20 páginas de texto: "A Música na Eubiose ou a Eubiose na Música". *Hey Ta Ram, Hey Ram – Adeus, Adeus*, 3 páginas manuscritas, São Paulo, 09.02.1948.

IV. Obra para quarteto de cordas
1. *Prelúdio e Dança*, 16 páginas manuscritas, Rio de Janeiro, 23.05.1945.

V. Obra para quinteto de cordas
1. *Toada do Mar*, *O Fio de Ariadne*, 8 páginas manuscritas, 1943.

VI. Obra para orquestra de cordas
1. *O Fio de Ariadne* (Toada), 6 páginas manuscritas por Piero Bastianelli (além de arranjos de "Tango, Criança Adormecida e A Flor Azul").

VII. Obras para violoncelo e orquestra de cordas
1. *Espírito Ausente* (Homenagem a um Espírito Ausente) (Fusão/Confusão), 15 páginas manuscritas, sem data nem local.
2. *Cântico*, 8 páginas manuscritas, Rio de Janeiro, 28.03.1945.

VIII. Obra para violoncelo e orquestra
1. *O Malandro Assobiando*, orquestração: J. Kaszás, cópia manuscrita, 37 páginas, São Paulo, 1956. Orquestra: flauta, oboé, clarineta, fagote; 2 trompas, 3 trompetes; piano; pandeiro, triângulo; cordas.
2. *Estréia*: rádio Tupi, 01.08.1956, programa Zé Kilowatt, solista: Walter Smetak.

Pela falta de acesso às partituras, tornou-se impossível fazer uma análise da sua obra deste período. Apenas em um texto de Ernest Widmer, na ocasião da morte de Smetak, há uma referência à sua música nesta fase: "Já tinha composto na Europa e numa 1ª fase no Brasil, obras tradicionais para violoncelo e para piano, entre as quais *Malandro Assobiando*, para celo e orquestra"[15].

De qualquer modo, verifica-se, pelo depoimento de Widmer e pelas formações instrumentais que, neste período, a obra de Smetak encontrava-se em uma fase tradicional. Constata-se, também, em alguns de seus títulos para as

---

**15** E. Widmer, em *Informativo*, p. 5, publicação da Associação dos Amigos de Smetak.

obras, o início da influência da Eubiose em seu trabalho, em especial: "A Morte de M. Gandhi", com vinte páginas de texto e "A Música na Eubiose"[16].

Em 1956, Smetak viaja para a Suíça, meio ano após a morte do pai. Lá, tenta registrar a patente do microfone Meta-som e tenta, também, sua fabricação pela Teladi[17]. Com a recusa da empresa, Smetak desiste, definitivamente, de tentar a fabricação do seu invento, pois lhe faltavam recursos e apoio para seu intuito. Durante a estadia na Europa compõe a modinha brasileira *Liedchen Ohne Jede Bedeutung*.

Frustrado com as negativas de obtenção da patente do seu experimento, Smetak retorna, tocando e lecionando pela sobrevivência até que, um ano depois, em 1957, foi convidado pelo maestro e compositor Hans Joachim Koellreutter para lecionar violoncelo nos Seminários de Música e na UFBA. Sua sorte estava lançada.

---

**16** Disponíveis no site da Sociedade Brasileira de Eubiose (www.unikey.com.br/eubiose/index. html).

**17** Atesta-se o fato pelas correspondências trocadas com a empresa, com data de 1956, e endereço postado na Suíça.

# 3.
## Da Luteria à Plástica Sonora

A aleatoriedade na escolha do destino – quase como um sinal iniciático –, a sua vinda ao Brasil, a expectativa com este novo mundo – quase no sentido da *Utopia* de Thomas More (1516) –, ou mesmo do berço da nova civilização – como Sthephan Sweig, Agostinho Silva ou o seu guru José Henrique de Souza discorrem sobre a futura nação brasileira –, só toma sentido, pelo menos na vida de Smetak, quando o mesmo encontra seu destino na Bahia.

Em Salvador, Smetak produz toda a sua obra Plástica Sonora, escreve seus livros, torna-se figura proeminente, tanto do ponto de vista da música e arte brasileira como da mística esotérica criada em torno da sua imagem.

Antes de mudar-se para Salvador, Walter Smetak separou-se de Maja Smetak-Fausel, que não quis sair de São Paulo. Segundo carta de Leone Smetak, o compositor suíço visitou Maja com freqüência e deu a ela a casa que era dele em São Paulo, fazendo reparos na residência sempre que era necessário. Maja morreu aos 102 anos, em 1995.

Já separado de sua primeira esposa, durante uma viagem para um concerto da orquestra da UFBA, em Aracaju, por volta de 1959, Smetak conhece e apaixona-se por Julieta, que se tornaria sua companheira na Eubiose, sua mulher e, principalmente, sua amiga, até o último dia, mesmo após a separação. Com ela, Smetak teve quatro filhos, Jórgea (23/04/61), Tércio (07/03/63), Honorato

(26/01/65) e Uibitú (26/10/70), além de assumir e criar a filha mais velha de Julieta, Bárbara (18/06/59).

Sem dúvida, a mudança para a capital baiana foi um marco para a vida do compositor, mesmo porque, neste final da década de 50, a cidade de Salvador vivia sua "idade de ouro", como bem disse Antônio Risério[1]. Era um período de intensa efervescência cultural, propiciada, em muito, pelo então reitor da UFBA, Edgar Santos, que reuniu à sua volta artistas, pensadores e educadores como Koellreutter, Agostinho Silva e Yanka Rudska, transformando a até então pacata cidade em uma "província planetária"[2].

Diante de todo este ambiente, Smetak toma contato, de uma maneira incisiva, com a música moderna, chegando a fazer a estréia no Brasil, como solista, da obra *Música de Câmara n. 3 para Violoncelo Solo e 10 Instrumentos Solistas – op. 36 n. 2*, do compositor alemão Paul Hindemith. Foi, sem dúvida, o grande momento de sua carreira como instrumentista. O concerto aconteceu no Teatro Municipal de São Paulo, no dia 19 de setembro de 1961[3]. Tocou, ainda, a mesma obra em Salvador, Rio de Janeiro e na Bienal de Música.

E foi neste ambiente de mudanças estéticas, incertezas e deslumbramentos que Smetak, a princípio contratado como professor de violoncelo, no ano de 1961, após um concerto de música concreta realizado pelo compositor alemão H. J. Koellreutter, em Salvador, começa a pesquisar o som e criar novos instrumentos:

> Na estréia da música concreta por H.J. Koellreutter na Bahia, surgiu a idéia de criar novos instrumentos. A mim coube a parte dos instrumentos de cordas, tanto os de arco como os de pizzicato. Naquela vez alguma coisa vindo do abstrato se fez de concreto[4].

Apesar dos instrumentos tradicionais permitirem sons não rotineiros, isto só não lhe bastava. Montou sua oficina. Descobriu a cabaça e a ela atava um cabo de vassoura, uma corda de violão e colocava uma casca de coco dentro. Estava feito um monocórdio a que ele denominou Mundo, contendo dois furos na cabaça que, segundo o autor, simbolizavam os hemisférios norte e sul. Através dessa técnica, aparentemente simples, surgiu um esboço para posteriores pesquisas. Ouvir e ver o som.

No entanto, para Smetak, ouvir, ver, tocar o som, as esculturas, criar esses novos instrumentos, não era somente uma questão estética ou acústica,

---

1 *Avant-Garde na Bahia*, p. 13.
2 Idem, ibidem.
3 Conforme programa da época, encontrado em seu acervo.
4 W. Smetak, *A Simbologia dos Instrumentos*, p. 41.

esses instrumentos provêm de um processo de pesquisa acústica, no qual foi examinado o ITINERÁRIO DO SOM, na sua origem espiritual, psíquica, e finalmente física. As formas em geral expressam um simbolismo, uma linguagem, que se aproxima de um mundo de formas estáticas[5].

O princípio do monocórdio do Mundo o levou às pesquisas da fisiologia do som, sobre como se produz e se propaga a onda sonora. Já a utilização da cabaça o remetia, graças à semelhança de seus objetos sonoros com os instrumentos hindus, africanos e do índio brasileiro, a toda a linguagem simbólica da forma destes objetos. Não obstante, Smetak possuía, ainda, uma preocupação com a pobreza do país, procurando fazer instrumentos baratos para que qualquer um os pudesse reproduzir. Com este intuito cria a família dos Choris, instrumentos que surgem como um aperfeiçoamento dos recursos do instrumento Mundo.

Aliás, no início, quando possuíam apenas uma cabaça inferior e, dentro, uma casca de coco, Smetak deu a eles o nome de Mundo também, pois vislumbrava o globo terrestre como um ovo reproduzido na cabaça que possuí a forma oval. Desta cabaça inferior parte um cabo de vassoura e, por cima deste, apóia-se o espelho do instrumento; na parte de cima encontram-se as cravelhas e, mais tarde, foram adicionadas as cabaças superiores para ajudarem na ressonância. Em geral, possuem quatro cordas afinadas em quintas, como seus parentes da família dos instrumentos de cordas tradicionais. Da mesma maneira, formam um grupo de quatro instrumentos representando, cada um, o violino, a viola, o violoncelo e o baixo. Todos são tocados apoiados entre os joelhos, exceção feita ao Chori baixo que deve ser tocado em cima de uma caixa de isopor. No que se refere ao nome, disse Smetak: "Quanto ao nome de Chori, nem chora, nem ri. Ele é equilibrado. Tem um som pequeno, mas rico de séries harmônicas, que repercutem lá em cima da cabaça. Sai às vezes um soluço maravilhoso"[6]. Mais adiante, prossegue dizendo em relação aos custos do instrumento:

> Esses quatro instrumentos são a prova de que com poucos recursos podem ser feitos instrumentos baratos, de fácil empenho. Se alguém quiser construir futuramente um instrumento com cabaças, que plante as sementes e não as jogue fora, que coloque as sementes na terra[7].

Nesta família dos Choris incluem-se:

- Chori Pagode: com várias cabaças superiores, lembra, segundo o autor, um pagode indiano. Afinado em quintas, é o primeiro instrumento em que utiliza o registro que permite acionar a alma[8] do instrumento possibilitando, desta maneira, dois tipos de sons diferentes;

Mundo

5 Idem, p. 53.
6 Idem, p. 76.
7 Idem, p. 80.
8 Os instrumentos de cordas, tais como o violino e a viola, dispõem de uma pequena madeira

Choris

- Chori Sol e Lua: instrumento que, segundo o autor, liga-nos ao passado remoto da androgenia, em que macho e fêmea se dividiram em dois sexos "Adão e Eva". Dizia isto, pois o instrumento em questão possui duas caixas acústicas unidas pelo braço: "É a lua indo atrás do sol, sem nunca alcançá-lo"[9];
- Chori microtonizado: difere dos outros Choris por não apresentar a cabaça superior.

Nesta família há, ainda, mais um Chori, diferente dos demais por apresentar uma espécie de parede externa para apoio dos joelhos na cabaça inferior.

flexível que une o tampo superior ao inferior do instrumento, transmitindo a vibração das cordas para todo o instrumento. Os instrumentos de cordas orientais não utilizam este recurso, da mesma maneira que o violão. "A alma é um pequeno cilindro de madeira, mantido por pressão entre o tampo e o fundo. Para além de uma importante função mecânica (impede o tampo de flectir ou rebentar, apesar da pressão de 10 a 12 kg/cm$^2$ exercida pelo cavalete) ela comunica ainda as vibrações das cordas directamente ao fundo". Cf. L. Henrique, *Instrumentos Musicais*, p. 74.

  **9** *A Simbologia dos Instrumentos*, p. 78.

Smetak dizia ser o Brasil "a terra das impossibilidades possíveis, onde futuramente se materializará uma nova ordem e lógica"[10]. A busca pela simbologia das formas e cores em suas esculturas remete ao seu interesse e estudo da Teosofia e ao simbolismo dos instrumentos primitivos.

A identificação precisa das datas de seus primeiros instrumentos não foi possível, entretanto Smetak inicia *A Simbologia dos Instrumentos*, afirmando ter ficado a cargo dele a criação de novos instrumentos de cordas e, o período identificado até abril de 1967, quando participa da mostra coletiva Nova Objetividade Brasileira, em um prólogo para o catálogo da exposição, lista, ordenadamente, dezoito instrumentos, que são:

1. Mundo;
2. Reto na Curva;
3. Bimono;
4. Chori-soprano;
5. Chori-mais soprano;
6. Chori-alto;
7. Chori-tenor;
8. Sol e Lua;
9. Vina Itaparicanaãn;
10. Vida;
11. Árvore;
12. Barco;
13. Andrógino;
14. Vir a Ser;
15. Vau;
16. Enamorados Abstratos;
17. Situação;
18. Cravo.

Vir a Ser

Destes, apenas o Andrógino, o Enamorados Abstratos, Situação e Cravo, não são instrumentos musicais propriamente ditos e, sim, esculturas; os demais são instrumentos de cordas, realçando a menção feita sobre o início do trabalho por Smetak, após o concerto realizado por Koellreutter, em 1961, de que ficaria a seu cargo a construção de novos instrumentos de cordas.

De todo modo, em 1966, por insistência de um aluno, inscreve-se na I Bienal de Artes Plásticas, na Bahia. Seus trabalhos apresentados impressionaram desde o início, surgindo daí a denominação utilizada pelo artista plástico Juarez

---

[10] R. de Moraes, O Alquimista de Sons, *Veja*.

Paraíso – um dos curadores da Bienal – de Plástica Sonora, denominação esta que Smetak incorporaria e usaria durante toda a sua carreira.

Sua pesquisa com as Plásticas Sonoras conquista o Prêmio de Pesquisa na I Bienal das Artes Plásticas, na Bahia, em 1966. Em um documento de 1º de janeiro de 1967, o secretário geral da Bienal comunica o compositor nos seguintes termos:

> A I Bienal Nacional de Artes Plásticas tem a grata satisfação de informar a V. S. que o Júri desta Bienal, constituído dos Srs. Mário Pedrosa, Mário Schemberg, Clarival Valladares, Wilson Rocha e Riolan Coutinho lhe conferiu o Prêmio de Aquisição de Pesquisa Norberto Odebrecht, no valor de Cr$ 1,000.000 (um milhão de cruzeiros), importância esta que se acha em nossa Secretaria, à sua disposição.

Foi, sem dúvida, o início da projeção nacional de sua obra, recebendo convites para exposições posteriores no MAM do Rio de Janeiro e em Brasília.

No MAM do Rio de Janeiro, de 6 a 30 de Abril de 1967, expõe na mostra coletiva Nova Objetividade Brasileira, com curadoria de Hélio Oiticica. Desta exposição participaram nomes importantes da arte brasileira, tais como: Flávio Império, Ferreira Gullar, Waldemar Cordeiro, Lígia Clark e o próprio Oiticica. Esta exposição tinha o propósito de apontar novos rumos da arte brasileira. Em um prólogo referente à sua participação, Smetak vislumbra um caminho para a sua produção:

> Do instrumento – Veículo.
>
> Da doutrina – Conteúdo.
>
> Da improvisação – Aplicação.

> Estes três elementos constituem na integração das PLÁSTICAS SONORAS, entrelaçando futuramente três componentes: Arte, Ciência e Filosofia, iniciando uma ARTE ESPIRITUAL. Esta deve penetrar totalmente na vida do homem, transformando-o num SER superior em quem se processara a criação artística espontânea e em qual a idéia será PERMANENTE. E se criarão, futuramente, escolas e Universidades especializadas para este fim [11].

Smetak parece encontrar em sua arte o canal direto para a vazão e a propagação dos ensinamentos vivenciados na Eubiose. Este encontro fortalece o propósito de sua obra, intensificando sua produção. Tanto o é que a maior parte de sua produção Plástica Sonora data deste período, de 1962 até 1974.

---

[11] Histórico sobre as Plásticas Sonoras, em *Nova Objetividade Brasileira*, catálogo da exposição.

Aproveitando sua estadia na capital carioca, é convidado a expor suas esculturas em um desfile de moda organizado pela jornalista Marisa Alvarez Lima, evento este intitulado Nob-Nob.

Ainda em 1967, no mês de outubro, expõe no Instituto Cultural Brasil-Alemanha. Nesta exposição apresenta sete novas Plásticas Sonoras:

1. Gambus Orientalis;
2. Violoncello;
3. Imprevisto;
4. Ronda;
5. Bis Nadinha;
6. Dança do Cotovelo;
7. M 2005.

Em dezembro do mesmo ano, expõe no Instituto Central de Artes, da Universidade de Brasília – UnB. Essa viagem a Brasília e a Goiás expõe Smetak a um Brasil desconhecido, como ele relata em um de seus currículos:

> Em Goiás teve seu primeiro encontro com um Brasil desconhecido, resolvendo assim dedicar-se a estudos étnicos e antropológicos do Brasil, religando a sua pré-história à História atual e futura, tudo em atenção a que o Brasil será o berço da futura Civilização[12].

Esta observação, recorrente na obra de Smetak, referindo-se ao Brasil como o berço de uma nova civilização, nada mais é do que uma ressonância de sua crença na Eubiose de Henrique José de Souza, que acreditava ser nesta terra que floresceria a sétima sub-raça terrestre que se sobrepujaria às demais, num novo ciclo a começar. Como diz o professor-fundador da Sociedade Eubiótica Brasileira, em um trecho de seus textos:

> E logo, raio maior de luz acabou de iluminar o nosso cérebro, tal a quietude mística em que vivíamos em tão sacrossantos lugares: – Este ordeiro, o AGNUS CASTUS ou cordeiro casto, virgem, tec,[…] está concorde com a missão grandiosa em que a STB (Sociedade Teosófica Brasileira) se acha empenhada; o advento da sua sétima ou última sub-raça… que terá lugar nesta parte do globo. E daí a intuição daquele que lhe deu o nome de BRASIL,[…], como se já estivesse previsto que era nele onde deveriam ser mantidas – vivas e crepitantes – as brasas do fogo sagrado[13].

---

**12** Currículo enviado em fevereiro de 1968, com uma proposição de trabalho, ao reitor da Universidade Federal do Pará – UFPA.

**13** Henrique José de Souza, texto de 25 de dezembro de 1931, publicado na revista *Aquarius*. A antiga Sociedade Teosófica Brasileira, como é citada no texto, transformou-se em Sociedade Brasileira da Eubiose.

Depois dessa viagem a Brasília, Smetak passou a interessar-se pelas culturas e etnias do povo brasileiro. Pesquisou os instrumentos musicais na sua origem, forma e simbolismo, porém, faz uma autocrítica deste seu período de trabalho:

> Ciente, pois, no decorrer do trabalho, de que o meu conhecimento histórico em matéria de instrumentos, era insuficiente, devido aos séculos decorridos desde a.C., percebi que a tal "pesquisa" se iniciava, já que era justamente pretensão nossa entrar na época contemporânea sem conhecer realmente o "início" das coisas no mundo dos planos vibratórios, extensivos a todos os ramos das artes. Confundia primitivismo com contemporaneidade, enganando muita gente e a mim mesmo, conseguindo pelo menos, ao destruir velhos conceitos, tornar-me amorfo[14].

De qualquer maneira, o importante neste primeiro período de trabalho foi o impulso gerador de obras do imaginário de um artista na busca de uma possível história do instrumento. A partir daí, surgiram os instrumentos cinéticos, coletivos e a redescoberta da harpa eólia, que acabou por direcionar sua pesquisa para o microtonalismo. Nesta busca por sons microtonais podemos localizar uma influência muito citada na obra de Smetak: o compositor mexicano Juan Carrillo.

Na realidade, o contato de Smetak com a obra de Carrillo dá-se somente em 1980 quando, após muitas correspondências trocadas, consegue o envio de uma fita e alguns trabalhos publicados do referido compositor mexicano[15].

O ano de 1968 começa para Smetak com a oficialização de sua naturalização, segundo decreto de 22 de janeiro de 1968, publicado no *Diário Oficial* de 25 de janeiro do mesmo ano[16].

Durante o mês de fevereiro do mesmo ano, viaja a Belém do Pará para lecionar na Universidade Federal do Pará – UFPA –, bem como para prosseguir com suas pesquisas etnomusicológicas. Através de uma proposição de trabalho à universidade, em 12 de fevereiro de 1968, intenciona residir e lecionar em Belém, transferindo para lá os seus então 35 instrumentos, Plásticas Sonoras e ferramentas para o trabalho de "antiluteria".

No entanto, sua proposta não foi aceita e Smetak continua em sua oficina no porão da Faculdade de Música, da UFBA. É interessante observar que as propostas de ensino musical do compositor sempre perpassaram por uma formação

---

**14** *Em Potencial sem Realidade Porém*, p. 4, disponível em www.gilbertogil.com.br/smetak/takgil.htm.

**15** Em meio a seus documentos encontrei as correspondências trocadas entre os dois compositores e, também, alguns textos sobre Carrillo e a publicação de *Sonido 13*, de autoria do referido compositor mexicano.

**16** Smetak cita em seu currículo, publicado após sua morte, num encarte da Associação dos Amigos de Walter Smetak, uma data diferente desta: 19.03.68; porém, como consegui uma cópia do *Diário Oficial*, considerei apenas a data citada em referido diário.

espiritualizada do homem. Ainda na sua proposição ao reitor José da Silveira Neto, da UFPA, verificamos isso:

> Proponho-me a atuar nos seguintes setores:
> FALAR – ensinar violoncelo, ensinar viola da gamba,
> Preparar uma mentalidade construtiva nos alunos [...]
> FORMAR – [...] Criação de um departamento de Plásticas Sonoras, a fim de provar a tese de que o som e a luz provêm do mesmo agente, o Pai Ether, segundo a Teogonia de Hesíodo. Daí a relação estreita entre forma geométrica e vibração, tanto física, como psíquica e espiritual[17].

Ainda no ano de 1968, Smetak conclui seu livro primeiro livro de poesias intitulado *Poesias: Para Crianças Grandes e Adultos Pequenos*, com 333 páginas manuscritas incluindo desenhos do próprio compositor; conclui também seu segundo livro *A Eubiose nos 3 M (Música, Medicina e Matemática)*, com 128 páginas manuscritas. E inicia seu terceiro livro, *O Pavilhão dos Eus*, de 78 páginas manuscritas, que viria a concluir em 1969.

Sendo altamente criativo e inquieto, não se distanciava da oficina, construindo, durante o primeiro semestre de 1969, dezessete novos instrumentos:

1. Mulher do Vento, que viria a ser chamado mais tarde de Mulher Faladeira;
2. Mircur;
3. Arani, ou Aranha;
4. Peixe;
5. Constelação;
6. Três Sóis;
7. Discos, que se tornaria depois o Disco Voador;
8. Baixo-mono;
9. Êmbolo;
10. Vau;
11. Colóquio;
12. Tímpanos;
13. Sinos;
14. Biflauta;
15. Flauta selva;
16. Pistão, que viria a ser chamado de o Pistão Cretino;
17. I-e-a-o-u.

Em julho de 1969 estréia, durante o curso de Música Nova, a obra *M 2005* para vários de seus instrumentos. Esta foi, na verdade, a primeira partitura de

---

**17** Currículo enviado ao reitor da UFPA.

Smetak para seus instrumentos. A peça musical era dividida em partes musicais e textos narrados, nesta disposição:

- M 2005 - Mircur pitagórico;
- Moturus;
- Texto;
- Concretismo absoluto;
- Texto;
- O arara de matatuararacanga;
- Oração a JHS 2000 anos a.C.;
- Uibitu;
- Caijah (integração).

Os instrumentos utilizados nesta peça foram:
- Biflauta;
- Flauta selva;
- Flauta êmbolo;
- Pistão;
- Choris;
- Vina;
- Ronda;
- Mircur;
- I-e-a-o-u;
- Três Sóis;
- Árvore;
- Barco;
- Vau;
- M 2005;
- Sinos;
- Peixe;
- Constelações;
- Aranha;
- Vida;
- Colóquio;
- Monobaixo;
- Discos;
- Tímpanos.

Nessa audição, a regência foi de Ernest Widmer e os instrumentos foram tocados pelos alunos do curso de Improvisação do I Festival Música Nova, realizado em Salvador, Bahia, em julho de 1969.

Ainda, no mesmo ano, Smetak estréia no dia 8 de novembro, durante a III Apresentação de Jovens Compositores da Bahia, a obra *Pesquisa (bárbaros antropófagos, barroco-árabe, elmesmo)*, para instrumentos do autor. Durante o mesmo evento, porém, no dia 12, Smetak apresenta a composição *Servir a Ser*, para seus instrumentos, vozes e cordas.

Na mesma noite ocorre a estréia da composição *A Montanha Sagrada*, de Milton Gomes, para o conjunto de instrumentos de Walter Smetak. Esta obra seria, posteriormente, escolhida pela Unesco para representar o Brasil na Tribuna de Paris, juntamente com obras de Marlos Nobre, José de Almeida Prado e Fernando Cerqueira[18].

Smetak, desde 1968, participava como compositor convidado do Grupo de Compositores da Bahia, dispondo seus instrumentos para a experimentação por parte dos compositores:

distingue-se, além disso, o fato de Walter Smetak ter ultrapassado o número de 50 instrumentos novos, criados por ele, possibilitando composições para uma verdadeira orquestra "smetakiana", o que foi amplamente explorado pelos compositores do grupo e pelo próprio autor[19].

Apesar da citação acima, em publicação da Associação Amigos de Walter Smetak[20], verificam-se obras de somente dois compositores, além do próprio Smetak, utilizando as suas Plásticas Sonoras. São eles:

Milton Gomes, 1916 – 1974
- *Montanha Sagrada* (1969) – inclui, além de Flauta Block, Flauta êmbolo e Cello, Biflauta, Flauta Selva, Tímpanos vermelhos, azul e amarelo, Três Sóis, Vau, M 2005, Choris, Gamba, Vina, Monobaixo e Ronda (disco: *Compositores da Bahia - 2*);
- *Prólogo a Um Prelúdio do Homem Cósmico* (1970) - utiliza, além de Piano, Cello e coro, Chori, Ronda, Tímpano, Apito, Boré, Vau, Sinos. (Estréia 1970, Reitoria da UFBA.)

Ernest Widmer, 1927
- *Rumos, opus 72* (1970) - composto para Narrador, Fita Magnética, Coro e Orquestra e Instrumentos de Smetak: Borel, Três Sóis, Ronda e Baixo Mono. (Estréia, julho de 1977, Festival de Inverno, Belo Horizonte, com a participação de Walter Smetak e regência de Ernest Widmer.)

Vau

Tímpanos

---

18 *Boletim do Grupo de Compositores da Bahia*, n. 4.
19 Idem, ibidem.
20 *Informativo*, p. 19.

Durante o II Festival Música Nova, em julho de 1970, Smetak promove uma improvisação coletiva utilizando três novos instrumentos: A Grande Virgem, o Pindorama e Apitos. Era a primeira aparição pública de instrumentos coletivos, nos quais o compositor já estava trabalhando desde 1969. A composição apresentada, segundo consta em programa da época, intitulava-se "Retalhos". A unidade deveria nascer da diversidade. Mais uma vez aparece o sentido do instrumento como veículo da transformação do instrumento homem; dessa vez, os egos pessoais diante do objeto fundem-se no propósito da unicidade.

Colóquio

# 4.
## Do Microton ao Silêncio

Smetak vive, no ano de 1970, a experiência de fazer música para uma montagem teatral. A primeira peça foi *Everyman*, com direção de Jesus Chediak, depois foi *Macbeth*, de Willian Shakespeare, com direção de Enrique Ariman e produção de Roberto Santana e Leonel Nunes. No mesmo período, muito provavelmente por influência dessa experiência, escreve as peças de teatro *A Caverna* e *A Quadratura do Círculo* – primeira peça abstrata.

Durante a montagem de *Macbeth*, Smetak grava a trilha sonora com seus instrumentos dentro de uma caixa d'água, experimentando as diferenças de volumes de água na gravação. Este experimento realimentou uma obsessão do compositor, a construção de um estúdio em forma oval, de 22 metros de altura, com água em seu interior e vedado para que o som circulasse sem poder sair. Este projeto chamava-se Ovo e Smetak tentou, em vida, obter financiamento para realizá-lo, porém, jamais obteve o apoio desejado.

Na realidade, a idéia central do projeto Ovo é a de um laboratório-estúdio que simulasse, acusticamente, o ambiente de uma caixa de ressonância de um instrumento musical. Certa vez, ao envernizar um violão, deixou-o secando pendurado em um varal com as cordas colocadas pouco frouxas. Quando ouviu o som produzido pelo tocar das cordas pelo vento, Smetak pensou em gravá-lo, posicionando o microfone dentro do instrumento. Aquela sonoridade, se podemos assim dizer, enfeitiçou o compositor, tal foi a fixação que possuía pelo som interior. Desta experiência surgiram idéias para a pesquisa microtonal, como afirma no texto abaixo:

> Da experiência específica que eu tive com esta gravação nasceu a minha busca com os microtons. A gravação completa dura aproximadamente 20 minutos e tem uma estrutura musical evidente. Ao passar por esta incrível experiência, fiquei ciente da vida das freqüências contida em intervalos mínimos[1].

Esta experiência com a antiga harpa eólia, como Smetak sempre mencionava, juntamente com os resultados das gravações no interior da caixa d'água, levaram-no à concepção do seu projeto, sem dúvida alguma mais ambicioso:

> instrumento-laboratório de forma oval, com 22 metros de altura, síntese e complemento de todas as minhas pesquisas. Completamente vedado, com cordas simpáticas e microfones em seu interior, captadores de sons da atmosfera e água em sua parte inferior. […] o "ovo" permitirá revolucionárias experiências com o som obrigado a circular nos vários espaços internos sem que escape a sua reverberação. Isto é, não há mais defasagem entre instrumento e ambiente, como o som de um violão numa sala: o som de dentro da caixa do violão e o de sua repercussão pela sala[2].

Neste depoimento, fica clara a sua intenção de reproduzir o espaço interno do instrumento musical em uma proporção macroscópica do universo microscópico. No entanto, este projeto estava associado a um projeto maior do compositor. Smetak idealizou um modelo de universidade para uma formação holística. Nesta universidade livre e auto-suficiente, o aluno teria aulas de matemática, física nuclear, agricultura alternativa, cerâmica, luteria, literatura, história, eubiose, profilaxia das doenças, cinema, teatro, fotografia, som, artes plásticas sonoras, entre outras disciplinas. Além dessas atividades, o projeto da universidade previa ainda que o aluno fosse estimulado a plantar e produzir o seu próprio alimento. Estaria, esta universidade, modelada como um sistema solar e seus planetas integrados. O estúdio Ovo ficaria em um destes planetas como um centro de gravações e pesquisas eletrônicas.

Para a realização deste estúdio, Smetak idealizou a criação do Instituto de Pesquisas Acústicas Internacionais – IPAI –, que reuniria diversos países com a finalidade da pesquisa acústica. Smetak dizia estar no IPAI a possibilidade das grandes nações discutirem, pacificamente, em torno da questão do interior do instrumento. Em um ambiente de corrida armamentista e Guerra Fria, Smetak, quixotescamente, imaginava estar no som a possibilidade da paz e a canalização das pesquisas científicas.

---

**1** Carta endereçada a Jesse Navarro Jr., editor chefe da editora Abril, em 1979. Documento encontrado no acervo.

**2** R. de Moraes, O Alquimista de Sons, *Veja*.

No centro disso estaria o Brasil, como a vanguarda neste tipo de pesquisa. Porém, após muitas tentativas, inclusive com uma carta ao então presidente Ernesto Geisel[3], viu sua idéia ser ridicularizada e negada pelo orçamento gigantesco que sua proposta necessitava. Tentou vincular seu projeto da universidade à UnB e à Funarte, porém também não teve aprovação.

Data de 22 de fevereiro de 1971 uma partitura de Smetak com o nome *Anestesia*, dedicada ao compositor Milton Gomes, com os seguintes dizeres na capa de escrita colorida em verde, vermelho e preto:

Dedicado oDOUTOR e aMiGo Milton Gomes,

para 10 instrumentos cirúrgicos a livre escolha do competente intérprete.

(uma agulhada causando 22 efeitos)

Tradução sintomática de formas e não-formas em SOM

Improvisação dirigida por esquemas informais

Walter Smetak

Salvador, 22 de fevereiro de 1971

(é favor, romper a estruturação da partitura)

"Libertar o médico do doente, o músico da partitura e o DIRIGENTE da orquestra"[4].

No mês de julho de 1971 ganha, novamente, grande espaço na mídia nacional em razão do concerto de encerramento do 5º Festival de Inverno de Ouro Preto. Neste concerto, Smetak surpreende o público presente com uma série de sons gravados, captadores e imãs tocados num piano sem as teclas e ele próprio tocando um órgão elétrico. Seria mais um concerto de improvisação e música contemporânea, porém, a freqüência alcançada pelos sons produzidos fez com que todo o prédio da Igreja de São Francisco de Assis vibrasse, juntamente, com os lustres e vitrais. Não demorou muito para que boa parte do público presente saísse em disparada para fora da igreja.

Este fato narrado por Smetak à revista *Veja* de 18 de agosto de 1971, contribuiu em muito para a mistificação em torno do seu nome. A mídia da época, em geral, sempre o classificara como bruxo, guru e mago. Smetak, por sua vez, sempre foi uma figura misteriosa e controversa. Promovia reuniões em sua casa para o estudo da Eubiose. Nas conversas, jamais dissimulava e não se importava em dizer o que quisesse a quem quisesse, causando indisposições pela sua franqueza. Quando perguntado sobre algo mais filosófico, assumia seu lado profético e, até, sábio. Esta observação foi muito recorrente em todos os depoimentos recolhidos durante este trabalho de pesquisa.

---

3  Carta enviada em 30 de agosto de 1978. Documento encontrado em seu acervo.

4  Partitura citada em *Smetak: Eu Sou um Decompositor Contemporâneo*, catálogo da exposição.

Outro fato que contribuiu em muito para a formação de uma personagem em torno do compositor foi ele ser identificado à sua moto – desde sua chegada à Bahia –, uma BMW Norton que ele, carinhosamente, chamava de Prostituta da Babilônia, pois, segundo depoimento de Luiz Carlos La Saigne, ele brincava ser a moto a reencarnação de uma antiga amante de vidas remotas[5].

Ainda no Festival de Ouro Preto, Smetak apresenta uma relação de instrumentos disponíveis para a utilização dos alunos, entre os quais aparecem os seguintes instrumentos ainda não citados:

- Boréis;
- 2 cítaras;
- Mister play-back;
- Beija flor;
- 2 violões com afinação alterada;
- Instrumento de silêncio (que não parece ser a Máquina do Silêncio, pois se encontra listado entre os instrumentos de sopro)[6].

Neste ano de 1971 escreve o livro *Contemporaneidade*, com 78 páginas manuscritas, além de participar, ainda no mês de julho, do III Festival Música Nova em Salvador, Bahia.

Ao final desse ano, recebe um prêmio no valor de mil cruzeiros pela terceira colocação no concurso de composição promovido pelo Instituto Goethe de Salvador – Bahia. A obra premiada foi *Alles was geschieht*, ficando atrás de Rufo Herera, com *Canto Ints*, que se classificou em segundo lugar e Lindemberg Cardoso, com *Kyrie Christo*, que foi a obra vencedora do concurso[7].

No início de 1972 viaja, novamente, para a região norte do país; desta vez para Manaus, para ministrar um curso de Iniciação ao Som Contemporâneo. O curso começou em 2 de fevereiro e encerrou-se no dia 22 do mesmo mês[8]. Durante este período escreveu o livro *Amazonas - Versos e Cursos*, com 84 páginas manuscritas.

Esta nova viagem para o norte influencia e impressiona o músico, como podemos ver em suas palavras:

Já tinha lido muito sobre o Amazonas e tinha há anos o desejo de confirmar um pressentimento de algo que poderia estar lá. Ler sobre o Amazonas não é a mesma coisa que ter estado no Amazonas. E hoje posso dizer que o Amazonas esteve em mim[9].

---

5 Entrevista ao autor.
6 Lista encontrada no acervo do compositor.
7 Conforme documento encontrado em seu acervo.
8 Conforme certificado encontrado em seu acervo.
9 S. Gropper, Smetak, o Bruxo no Mundo dos Sons, *Jornal do Brasil*.

Em outro trecho da reportagem, ele prossegue:

Lá tive a confirmação do que sentia antes: de que no irracional, aquilo que a gente não compreende, esteja talvez depositado o nosso futuro. Mas para entender isso, precisamos de uma inteligência muito maior do que temos agora.

A esperança no futuro é vista como mote recorrente em todo o seu trabalho. Sua viagem a Belém e, principalmente, a Manaus, canaliza seus preceitos eubióticos sobre a futura civilização brasileira, em uma atitude de sublimação à vastidão da floresta, sua densidade e mistério.

No período entre 1972 e 1974, Smetak intensifica sua produção literária[10], o que evidencia, juntamente com a quase ausência de indícios de novas Plásticas Sonoras, um período de afastamento de sua produção como artista-luthier e, ao mesmo tempo, uma necessidade de reflexão e comunicação de suas idéias através da escrita. Na mesma entrevista do *Jornal do Brasil* citada acima menciona o fato: "No momento, acho maior expressão na letra do que no som".

Datam desse período, além de *Amazonas – Versos e Cursos*, os seguintes trabalhos:

- *Overground*, 1972 – 84 páginas manuscritas;
- *O Irracional*, 1972 – 166 páginas manuscritas;
- *Nhenhenhem* (*Falatório Interminável*)", 1973 – 92 páginas manuscritas;
- *O Barco*, 1973 – 61 páginas manuscritas;
- *Nova Ordem Milenar*, 1973 – 71 páginas manuscritas;
- *Da Nossa Fossa*, 1973 – 136 páginas manuscritas;
- *Breveduras*, 1973 – 173 páginas manuscritas;
- *Transumé Jotaagãessendo*, 1973 – 102 páginas manuscritas;
- *Hífens e Antimônios*, 1974 – 34 páginas manuscritas;
- *O Enxerto do Takaká*, 1974 – 90 páginas manuscritas;
- *Diversas Konkretas*, 1974 – 248 páginas manuscritas;
- *Quatro Peças para Dança*, 1974:
  - "A Corrente"
  - "Akwas"
  - "Dos Mendigos"
  - "A Sarabanda"
- *Síntese dos Diversos Konkretas*.

---

**10** Por este trabalho de pesquisa enfatizar a produção plástica e sonora de Smetak, sua criação literária não foi analisada mais detidamente.

Esta explosão literária – incluindo ainda as peças teatrais: *A Caverna, A Quadratura do Círculo, Planicotó, Simquenão (Peça de Microfonia)* e *Um Sol Realizado* – não significa o abandono do seu trabalho anterior. Quando, momentos atrás, mencionei a quase total ausência de indícios de sua produção plástico-sonora, o fiz por encontrar apenas o registro de um novo instrumento. Em sua reportagem Symona Gropper inicia seu texto descrevendo alguns dos instrumentos de Smetak expostos na oficina, entre os quais : "um violão com dois braços em ângulo reto, apelidado de siamês"[11].

Ora, pela descrição da jornalista, o violão de dois braços parece ser aquele que, posteriormente, passaria a chamar-se Bicéfalo.

Este instrumento, muito semelhante a uma guitarra elétrica, teria sido inspirado ou mesmo sugerido pelo músico Gilberto Gil que, neste período, era um assíduo visitante de sua oficina e, também, um freqüentador das reuniões promovidas pelo compositor suíço-baiano em sua casa para estudos esotéricos, mais precisamente o estudo da Eubiose.

Bicéfalo

Na realidade, Gilberto Gil conhece Smetak pouco antes de ir para o exílio em Londres, no ano de 1969; conheceu-o através de Rogério Duarte que, despertado o interesse pelas filosofias orientais, aproxima-se de Smetak, já nessa época tido como uma figura emblemática e mística, um guru para muitos.

11 Op. cit.

A respeito disso, Gil considera esse encontro como a convergência de seus interesses intelectuais e espirituais para a sua criação artística. Fala isso ao relembrar o momento da composição da canção *Alfômega*, de 1969: "A música foi feita na Bahia quando encontro o Rogério Duarte e o Walter Smetak, e se dá a transposição desses interesses intelectuais e espirituais em minha música"[12].

Apesar desses primeiros contatos com Smetak, foi quando voltou do exílio que Gil realmente se aproximou de Tak, tak[13]. E, no momento em que isso acontece, estabelece-se uma grande relação de amizade e iniciação. Gil descreve o reencontro da seguinte maneira:

> Quando eu encontro Smetak então, voltando do exílio, de um período difícil, já tendo incorporado à minha vida também o que faz conexão com isso: a ioga, o taoísmo, as religiões alternativas ao convencional básico para nós, que é o cristianismo. E todas essas religiões filosóficas, orientais, o sufismo, etc... Já de posse de tudo isso, já interessado em todas essas coisas, encontro Smetak, que era exatamente uma confluência de todas essas coisas, na obra, no trabalho, no operar diário dele[14].

Esta descrição feita por Gilberto Gil revela, sem dúvida, um aspecto já abordado da personalidade de Smetak que é o comportamento transparente do compositor. Smetak transpirava sua obra o tempo todo, ou melhor, como nas palavras de Gil, Smetak, seja na sua obra, no trabalho, no operar diário dele, era a confluência de todo o ensinamento iniciático recebido e lapidado na sua relação com o professor Henrique José de Souza. Essa transparência, ao mesmo tempo em que afastava algumas pessoas que não suportavam suas conversas e sua franqueza, atraía muitos jovens artistas e estudantes interessados em seus experimentos e ensinamentos. Foi assim com Gilberto Gil, Rogério Duarte, Tuzé de Abreu, Caetano Veloso, Marco Antonio Guimarães, Dércio Marques, Eduardo Catinari, entre outros. Acima de tudo, o experiente mentor das Plásticas Sonoras demonstrava, aos poucos, aceitar sua condição de guru para alguns, como podemos avaliar em sua resposta a Renato de Moraes, que perguntou se ele se sentia como um guru rodeado de acólitos: "Para ser sincero, eu realmente gosto de ensinar, é um complemento da minha existência. E vivemos numa época tão problemática, tão apocalíptica. É preciso uma orientação. Salve-se quem souber, porque poder, ninguém poderá mais"[15].

Neste momento, Smetak encontrava-se envolvido com o desenvolvimento da experiência iniciada com o violão tocado pelo vento, a harpa eólia.

---

**12** C. Rennó, *Gilberto Gil*: *Todas as Letras*, p. 67.

**13** Em Londres, Gil compõe a canção *Língua do Pê* (1970), em que brinca com a sonoridade do nome do compositor: "Smetak, tak, ...".

**14** Entrevista veiculada pela Internet no site oficial do cantor: www.gilbertogil.com.br/seiva/sei_01.htm

**15** R. de Moraes, op. cit.

Mergulhou no universo microtonal e, acreditando na possibilidade de popularização da microtonalidade musical, investiu na formação de um grupo de seis violões, cada um dos quais com seis cordas iguais, como se o conjunto representasse um violão com suas seis cordas desmembradas em seis instrumentos. Reuniu à sua volta músicos como o próprio Gilberto Gil, Gereba, Tuzé de Abreu, Marco Guimarães, Rogério Duarte e o guitarrista Fredera e iniciou os ensaios. A esta época recebeu a doação de um órgão elétrico feita por André Matarazzo. Ao grupo deu o nome de Conjunto dos Mendigos.

A originalidade de sua obra despertou o interesse de uma emissora de televisão alemã, o Canal ZDS que, no ano de 1972, enviou uma equipe para se juntar a profissionais brasileiros que realizaria um documentário a seu respeito para o programa *Titel tese temperamente*, com direção de Karl Bruger. Este programa, segundo consta em seu currículo, foi exibido na Suíça e na Alemanha[16].

Em novembro de 1972, apresenta a música *Simquenão* para fita e vozes, na reitoria da UFBA, durante a VI Apresentação de Compositores da Bahia.

Muito ligado a Smetak, Gilberto Gil torna-se padrinho de seu filho mais novo, Uibitú, nome surgido de neologismos incas e tupis, segundo o compositor suíço. Dizia ser proveniente da frase shakespeareana: "To be or not to be", que, na boca de Oswald de Andrade, já se transformara em "Tupi or not Tupi", para, finalmente, virar Uibitú, nome também de uma de suas músicas.

O fascínio por sua obra faz Gil levar Caetano a conhecê-lo. Surge, então, a idéia de registrar, de alguma maneira, os sons e a música do compositor. Caetano objetiva a gravação de um LP e descreve sua intenção na contracapa de *Smetak*, produzido por ele e Roberto Santana, lançado pela Phillips:

> A idéia de produzir um disco de Walter Smetak nasceu em mim no dia em que fiquei conhecendo a série de instrumentos que ele inventou e fabricou. É um conjunto tão extraordinariamente fascinante de objetos compostos com uma variedade de materiais que vai da cabaça ao isopor, é um mundo tão grande de sugestões plásticas e sonoras, que me pareceu absolutamente necessário documentar o trabalho deste homem singular.

E, assim, em 1973, inicia-se a gravação feita no Teatro Castro Alves. A edição musical foi feita por Gil e Caetano. O disco, no entanto, somente foi lançado em 1975, trazendo as seguintes músicas:

Lado 1
1. "Tijolinhos, Material de Construção", Audição Espontânea do Silêncio, Violão Eólico;
2. "AKWAS";
3. "Dos Mendigos";

---

16 *Informativo*, publicação da Associação dos Amigos de Walter Smetak.

4. "Sarabanda, Projeção Improvisada";
5. "DANSOM".

Lado 2
1. "MANTRAM";
2. "IÊÉAÓÔU";
3. "Música dos Mendigos";
4. "Indiferenciações";
5. "Preludiando com JOSEBA";
6. "Uibitús e Beija-Flores, Poluição Quebratória".

Antes mesmo do seu lançamento, tanto o músico quanto o disco já eram famosos. Smetak, em 1974, recebe, das mãos do então diretor-presidente das Organizações Globo, o prêmio de personalidade Global 74 na área de Música, prêmio este que, em 22 de abril do ano de 1974, contemplou, também, as seguintes personalidades: Lúcio Costa, Armando de Moraes Sarmento, Luiz Gonzaga do Nascimento e Silva, Carlos Chagas Filho, Augusto Rodrigues, Wolfang Franz José, Jaime Gonzalez, Carlos Drummond de Andrade, Nelson Rodrigues, Octávio Gouveia de Bulhões e Nise da Silveira.

Foi convidado, também, a participar da Feira da Bahia no Anhembi, São Paulo, apresentando-se juntamente com seu amigo Gilberto Gil.

Às vésperas do lançamento do seu primeiro disco, concede entrevista a Renato Ribeiro para as "Páginas Amarelas" da revista *Veja*, de grande circulação nacional. Porém, evidentemente, apesar de todo o empenho em divulgar seu nome, sua música não era para um grande público. A Phillips, então, preparou uma publicação em que Smetak falava de seu trabalho, suas idéias, seus ideais. Este encarte, que acompanhava o LP, certamente expressava a tentativa de preparar o público para a audição eminente.

Quando enfim foi lançado, dividiu a opinião dos críticos musicais. Maurício Kubrusly, apesar de considerar louvável a iniciativa dos produtores em registrar e divulgar seu trabalho, não poupou críticas ao compositor e ao seu trabalho:

> Antes de ser lançado, o disco de Smetak ameaçava mudar nossos conceitos de música. Agora nas lojas, consegue ser apenas um divertido desfile de instrumentos forçadamente primitivos[17].

E prossegue sua crítica tentando construir a idéia da inadequação do trabalho de Smetak tanto para a música popular quanto para a música erudita:

---

[17] A Maioria Não Vai Gostar desse Disco. A Minoria Também Não, *Jornal da Tarde*.

desprezando os limites tradicionais da música popular: tonalidade, andamento, harmonia, melodia e todos os parâmetros semelhantes.

Ao mesmo tempo, esta colagem, embora sem preconceitos, não chega às exigências mais rigorosas de criação impostas pela música que ainda hoje chamamos de clássica[18].

O crítico ignora totalmente a perspectiva da Plástica Sonora na pesquisa de Smetak quando compara a "pobreza" dos sons do suíço perto dos instrumentos do argentino Maurice Kagel, registrado em seu trabalho *Acustica*, de 1970.

Por outro lado, o pesquisador da música popular brasileira, J. R. Tinhorão, defende a obra do compositor:

> Neste sentido de criação de arte a partir de um trabalho artesanal, o sofisticado músico europeu Walter Smetak nada mais faz do que identificar-se com a mais inquieta tradição do gênio musical do povo brasileiro. Por isso merece todo o apoio, todo o respeito e todo o aplauso[19].

O autor, no caso, tenta justificar o trabalho do compositor pela perspectiva da cultura artesanal no fabrico de instrumentos populares brasileiros, o que não deixa de ser, em parte, adequado, pois Smetak, como já foi citado anteriormente, tinha a preocupação de construir, no caso dos Choris, instrumentos baratos, de fácil aquisição de materiais. O que se esquece na sua crítica é que toda, ou boa parte pela da inspiração do trabalho de Smetak, perpassa pela busca espiritual o que, ao se analisar a obra dele, jamais pode ser ignorado.

De fato, aos ouvidos desacostumados, o disco poderia tornar-se indigesto. Como, também, a totalidade de sua obra, dificilmente poderia ser apreendida numa simples gravação. No entanto, aquele disco registra parte de seu trabalho, revelando algumas de suas influências, como a de Bach, nas faixas "Sarabanda" e "Preludiando com Joseba"; a transição do elo tradicional ocidental para o oriental, especialmente na faixa "Mantram", em que toca a Vina; e as perspectivas futuras de sua obra, como na faixa de abertura, na qual foi gravado o som de um violão sendo tocado pelo vento, e na "Música dos Mendigos', ambas as faixas sendo embrionárias de sua pesquisa microtonal.

Mais ou menos nessa época, tenta criar o jornal *Overground*, cuja redação ficaria no andar de cima de sua casa. Porém essa idéia não seguiu muito adiante.

Seu nome, nesse momento, corre o país entre os aficionados por música experimental. Luiz Carlos La Saigne conta que, então, surge a idéia de se produzir um documentário sobre o artista original. Na realidade, Ricardo Guisburg, ex-aluno de Smetak e sócio de Luis Carlos, apresenta a proposta de fazer um documentário sobre o compositor suíço. Concorrem a um financiamento pelo

---

**18** Idem, ibidem.
**19** Viva Smetak que, como o Povo, Faz sua Música com as Mãos, *Jornal do Brasil*.

Ministério da Educação e Cultura – MEC e são contemplados com a verba. O filme inicia-se em 1975 e só fica pronto em 1976.

Ainda, em 1975, como indica seu currículo, atua na pesquisa para produção de uma gama de ruídos com recursos elétricos e eletrônicos e instrumentos cinéticos. No filme de Luís Carlos La Saigne, observa-se um instrumento cinético que pode datar deste período, o Mimento.

Mais uma vez expõe no MAM, no Rio de Janeiro, desta vez ministrando um curso de improvisação, tendo como artista-convidada Diana Pereira.

Já nessa época forma o conjunto dos violões microtonizados, conjunto esse formado por alunos da UFBA e que sofria constantes alterações em sua formação.

No que diz respeito à sua produção literária, escreve nesse ano o livro : *O Imago*, de 108 páginas manuscritas.

No início de 1976, recebe o comunicado da Superintendência Pessoal da UFBA, alterando seu cargo de professor para professor assistente[20].

No transcorrer do ano, escreveria mais cinco livros:

* *Mapani*, 171 páginas;
* *O Toque*, 110 páginas;
* *Dyâna*, 79 páginas;
* *A Caossonância Original*, 157 páginas;
* *O Pingo Atômico*, retrato de um filme (epílogo), 85 páginas.

Este último livro trata-se de um roteiro para cinema feito para que Luis Carlos La Saigne o rodasse.

Sua produção Plástica Sonora deste período, descrita em documento encontrado em seu acervo, atesta a produção de oito "trabalhos" entre plásticas e instrumentos:

1. Sons periféricos, produzidos na boca de uma cabaça;
2. O bicho;
3. Citaselva;
4. O solitário;
5. Inca;
6. O mesmo princípio em miniatura do n. 4 desta descrição;
7. Flautas;
8. O chamador.

Em 1977, após ter se separado de Julieta, inicia um novo relacionamento com a belga Christine Forró. Ela era filha de um médico cirurgião

---

**20** Documento emitido no dia 15 de março de 1976 pelo superintendente de pessoal, Hélio Augusto dos S. P. Ribeiro. Documento encontrado no acervo.

belga e cresceu na África, antes de seus pais retornarem à Bélgica. O relacionamento entre eles se iniciou a partir de troca de correspondência sobre assuntos filosóficos. Christine mudou de São Paulo para Salvador e viveu com Smetak por alguns anos. A ela Smetak dedica o livro: *Ex-Sistere para Cristine*, de 72 páginas.

Nesse mesmo ano, é produzido outro documentário sobre o compositor, desta vez uma produção baiana, com direção de Walter Lima e fotografia de Mário Cravo Jr. Nesse filme, em toda a trilha sonora foram utilizadas as faixas de *Smetak*.

Segue o ano de 1977 e, em julho, durante o Festival de Inverno, em Belo Horizonte, Ernest Widmer estréia a obra *Rumos*, na qual instrumentos de Smetak são utilizados. Esta apresentação conta com a presença tanto de Widmer, na regência, quanto de Smetak, tocando.

Ainda nesse ano recebe o convite para expor seu trabalho na XIV Bienal Internacional de São Paulo, dentro de uma das sete proposições contemporâneas[21]. Envia a obra Caossonância para ser exposta do lado de fora do prédio. Tratava-se de uma série de cabaças cortadas e recortes de metais, suspensos por uma espiral de arames presos a uma grande flauta de bambú soprada pelo vento. Smetak menciona, em um texto da época, dirigido à montagem da obra em São Paulo, uma lenda xavante que o inspirara:

se uma mulher visse as flautas sagradas se montará uma situação caótica, o céu, a terra e o mundo subterrâneo se unirão, findo o tempo humano, restabelecendo o caos do passado, sem limites no tempo, nem entre os mundos[22].

Sua pesquisa da Plástica Sonora vai cedendo espaço, de uma maneira incisiva, à pesquisa inter-acústica, isto é, ao comportamento do som dentro da caixa acústica. Na realidade, desde a peça *Caverna* e o projeto Ovo, Smetak envereda-se neste sentido, fazendo algumas experiências. Contudo, a dificuldade material motivada pelas dificuldades financeiras – fator sempre apontado pelo compositor –, pouco a pouco afastou de Smetak o ânimo para continuar suas pesquisas. O início de seu trabalho experimental, na Bahia, encontrou um ambiente outro, uma fase não institucional da universidade que, então, estava em formação. Tanto isso é verdade que, no período mencionado, a escola

---

21 Segundo documento emitido pela curadoria da XIV Bienal Internacional de São Paulo, a mostra dividiu-se em três capítulos: A- Proposições Contemporâneas, B- Exposições Antológicas e C- Grandes Confrontos. Dentro do capítulo das Proposições Contemporâneas, as obras deveriam enquadrar-se em sete temas: Arqueologia do Urbano, Recuperação da Paisagem, Arte Catastrófica, Vídeo Arte, Poesia Espacial, O Muro como Suporte de Obras e Arte não Catalogada. Documento encontrado no acervo de Walter Smetak.

22 Fragmento de texto intitulado Legenda da Caossonância, encontrado em seu acervo.

chamava-se Seminários Livres de Música. Assim, a presença de um artista que simplesmente criava, sem fazer uma pesquisa estritamente acadêmica, justificava-se pelo caráter revolucionário dos Seminários. No entanto, à medida que a Escola de Música foi se institucionalizando, o espaço e financiamento para um artista como Smetak foram tornando-se cada vez mais escassos. Uma alternativa foi colocá-lo como professor assistente adjunto e criar para ele uma cadeira de Improvisação Contemporânea. Mas, de toda maneira, não era uma situação confortável para o compositor e, com isso, foi abandonando a criação das Plásticas Sonoras, as pesquisas acústicas e fixando-se, cada dia mais, na prática da improvisação coletiva com seu grupo de violões microtonais. Nesse período, até 1981, não há registros de sua atividade literária.

O conjunto dos violões microtonizados segue seus ensaios, tendo uma alta rotatividade dos componentes. Smetak procura, de alguma forma, a participação de uma cantora no trabalho, e, após muitas tentativas, o grupo acaba por estabelecer-se com os seguintes músicos: Thomas Gruetz, Baltazar Scwabe, Hans Ludwig, Samuel da Motta, Élcio Sá e Antônio Sarquis.

Em 1978, fazem algumas apresentações e, no ano de 1980, com o patrocínio da Fundação Cultural do Estado da Bahia, em conjunto com o selo Marcus Pereira, gravam o disco *Interregno*, contando com a participação do flautista Tuzé de Abreu, remanescente tanto do primeiro grupo de violões como do primeiro disco. Neste LP, diferentemente do primeiro, a música a qual Smetak se propunha transparece a cada faixa, como analisa Augusto de Campos:

se no disco anterior duas faixas, Sarabanda e Preludiando com Joseba, retinham um elo ou um eco da tradição, neste novo LP Smetak parece direcionar ainda mais o seu trabalho para o "mistério do som".

À atomização microtonal junta-se agora a pesquisa do "som prolongado", que requereu a participação de um órgão eletrônico. Os macro-sons puxados pelo órgão misturam-se às fibrilações sonoras dos violões microtonizados e dos múltiplos artefatos instrumentais de Smetak. E confraternizam com as quase-vozes dos "boréis" (borés com vocal) e das flautas xavantinas, estabelecendo um nexo instigante com as culturas indígenas do Xingu, mais próximas do Oriente que do Ocidente[23].

Sem dúvida em *Interregno*, sem o alarde e a divulgação de *Smetak*, transparece ainda mais o sentido da improvisação, da intuição, da criação coletiva na procura da unidade, a orientalização, a microtonização e o som contínuo. Não que no primeiro não haja tais elementos, porém estão diluídos em um ainda presente elo com a tradição, além de funcionar como uma espécie de mostruário do seu trabalho.

23 *Música de Invenção*, p. 88.

Constam deste LP as seguintes faixas:
- "Tendenciosa", 7 minutos;
- "Plágio", 12:35;
- "Espelhos", 2:55;
- "Trifase", 6:50;
- "Sementeira", 5:58;
- "Ofício", 5:10;
- "Convite", 6:35.

Pouco depois do lançamento, o grupo se dispersa e Smetak não consegue mais juntar um grupo a sua volta para o experimento da improvisação. Ele passa, então, por um momento de silêncio.

Ainda, no ano de 1978, mas em Minas Gerais, um grupo de instrumentistas se reúne em torno de Marco Guimarães, discípulo de Smetak, e juntos formam o grupo Uakti que, através da criação de instrumentos experimentais, mantém acesa a busca de Smetak por novos sons.

Em 1981, Walter Smetak escreve a peça de teatro *Wellcome Neutron ou o Errotismo do Canhoto*, de noventa páginas.

Um ano depois, juntamente com Lindenberg Cardoso, recebe o convite para participar como artista em residência do Festival de Berlim, "Novos Horizontes". Esta temporada na Alemanha culmina com alguns concertos e a construção de sete grandes monocórdios.

Neste mesmo ano, conclui seu livro que viria a ser o único até então publicado (1982): *O Retorno ao Futuro – O Retorno ao Espírito*, de 204 páginas manuscritas.

Sua produção literária encerra-se com o livro que é a síntese do seu trabalho com as Plásticas Sonoras: *A Simbologia dos Instrumentos*, de 148 páginas manuscritas, no qual fotos, descrições e análises percorrem o universo smetakiano de criação plástico-sonora – publicado em 2001.

Nesse período, já separado de Cristine, mora com o músico João Santana Filho, o Patinhas, como é chamado, que desempenharia um papel muito importante no final de vida de Walter Smetak.

Já com tempo suficiente para a aposentadoria, porém com sua dificuldade de administrar as questões simples do dia a dia, é Patinhas quem organiza seus documentos e garante a pensão à família quase que nos últimos momentos de vida do compositor.

Em 1984, Smetak adoece com enfisema pulmonar. A colaboração dos amigos, principalmente Caetano Veloso, Gilberto Gil e João Santana Filho, foi de grande auxílio durante o período de internação, porém Smetak não resistiu e faleceu no dia 30 de maio do mesmo ano.

# 5.
# A Associação Amigos de Walter Smetak

Com a morte de Walter Smetak, um período de atordoamento em torno do destino de seu acervo proporcionou o sumiço de oito instrumentos criados pelo autor. Quem menciona isso é sua esposa, Julieta, em carta ao cineasta Luiz Carlos La Saigne[1]. Juleita relaciona este fato ao arrombamento da porta da sala onde se encontrava a oficina do compositor.

João Santana Filho, que foi quem acolheu Smetak nos seus últimos meses de vida, reuniu-se com a família e amigos do velho suíço na intenção de criar um mecanismo possível para a manutenção da memória e do acervo deixado. Destas reuniões surgiu a idéia de criar a Associação Amigos de Walter Smetak, que reuniria amigos, intelectuais, artistas e familiares, com o intuito de gerenciar e incentivar a preservação da obra deixada.

E, assim, no dia 20 de agosto de 1984, constitui-se, em assembléia geral, a Associação que tinha por finalidade:

I. Preservar e reproduzir o elenco instrumental criado por Walter Smetak – um total de 176 instrumentos acústicos, cinéticos e percussivos, por ele denominado "Plásticas Sonoras";

---

**1** Carta do arquivo pessoal de Luiz Carlos, conseguida junto ao próprio cineasta. Data provável da carta: agosto de 1985.

II. Preservar, editar e facultar consultas aos originais de livros inéditos de sua autoria, partituras musicais, fitas gravadas, teipes televisivos, ensaios teóricos e filosóficos;

III Promover cursos, palestras, audições, seminários e exposições sobre a obra de Walter Smetak, bem como de outros autores que com ela tenham afinidade;

IV Voltar-se, prioritariamente, para pesquisas inovadoras da linguagem musical, plástica e literária;

V. Promover o intercâmbio entre artistas brasileiros e estrangeiros voltados para o desenvolvimento de novas linguagens criativas;

VI. Instituir o "Prêmio Walter Smetak", anual e de caráter nacional, como incentivo ao desenvolvimento de pesquisas na área da criação de instrumentos musicais;

VII. Estimular estudos para detalhamento do projeto da Escola Livre idealizada por Walter Smetak, mantendo as linhas básicas do modelo por ele proposto;

VIII. Estimular a execução do projeto de instrumento-laboratório por ele denominado "Ovo", para funcionar como estúdio de gravação e núcleo de pesquisas musicais e eletrônicas;

IX. Criar cursos de iniciação musical com base nos ensinamentos e instrumentos de Walter Smetak[2].

Desta associação, a primeira diretoria constituída foi:

Presidente: Ernst Widmer, 1º Vice-presidente: Mario Cravo Junior, 2º vice-presidente: Geraldo Magalhães Machado, 1º Secretário: João Cerqueira Santana Filho, 2º Secretário: Myriam Fraga, 1º Tesoureiro: Bárbara Smetak, 2º Tesoureiro: Erthos Albino de Souza, Diretor de Patrimônio: Paulo Dourado e Diretor Cultural: Antonio Risério Leite Filho[3].

Ainda faziam parte da Associação, como pessoas associadas, figuras como o violonista Gereba, dona Helena Jefferson de Souza, da Eubiose, Marco Antonio Guimarães, Milton Nascimento, Rogério Duarte, Wagner Tiso, entre outros.

Em seus primeiros momentos de vida, esta agremiação parece possuir um fôlego invejável pela capacidade de adesões conseguidas (num total de 133 associados), pela realização de concertos, pela remontagem da peça *A Caverna* e, talvez, pela mais importante ação, a publicação do livro *O Retorno ao Futuro*, cujo lançamento foi realizado no dia 29 de janeiro de 1986, na reitoria da UFBA, com Uibitú Smetak tocando violino acompanhado pelo compositor Widmer e, também, contando com uma improvisação coletiva envolvendo vários ex-alunos de Smetak, além de professores da UFBA e de Gilberto Gil e Caetano Veloso.

A remontagem de *A Caverna* foi realizada sob direção de Paulo Dourado, ficando em cartaz de 5 a 16 de junho de 1985, no Teatro Santo Antonio, em Salvador; posteriormente, foi encenada no Rio de Janeiro. Esta montagem ganha

---

**2** Estatuto da Associação, de 20 de agosto de 1984, encontrado no acervo.

**3** Idem, ibidem.

o prêmio Martins Gonçalves como a melhor peça teatral do ano, em Salvador, voltando a entrar cartaz no dia 5 de maio de 1986.

Em 2 de julho de 1986 é inaugurado o Acervo Walter Smetak, no terceiro andar da Biblioteca Central da UFBA, Campus de Ondina. Com 100m$^2$ de área, a memória de Smetak vive seu melhor momento. Para a inauguração é chamada, às pressas, a museóloga Mirna Conceição para, com a ajuda de Bárbara Smetak, e de alguns ex-alunos, realizarem a catalogação da obra.

No entanto, ao longo dos anos a Associação não consegue manter o mesmo fôlego inicial e, com isso, cumprir muitas de suas metas, principalmente a conservação e restauração dos objetos. O acervo envelhece pouco a pouco. As reuniões tornam-se escassas, há um descontentamento, principalmente de Julieta, que se queixa do caráter político e *pro forma* da associação[4].

Julieta, aliás, tem interrompida sua luta pela memória de seu antigo companheiro em 19 de julho de 1990, quando morre vítima de um câncer no colo do útero. Deste momento em diante, Bárbara, filha mais velha do casal, encabeça o trabalho da família, no sentido da divulgação do acervo.

A grande exposição de Smetak na Galeria São Paulo, em 1989 – grande não só pela quantidade de Plásticas Sonoras expostas, mas, também, pela própria exposição do nome de Smetak na mídia nacional – não impede seu caminho rumo ao ostracismo e abandono que culmina em 1996, com o desalojamento do acervo.

Em junho desse ano, a professora dra. Alda Oliveira, então diretora da Escola de Música da UFBA, recebe a comunicação da reitoria da universidade atestando a transferência do Centro de Estudos Baianos da UFBA para o local onde, naquele momento, encontrava-se o Acervo de Walter Smetak. Posteriormente, em 8 de agosto de 1996, recebe a seguinte notificação do diretor do Centro de Estudos Baianos da UFBA, Fernando da Rocha Peres:

> O Centro de Estudos Baianos da UFBA vai iniciar a mudança dos seus acervos de Bibliotecas […], para o terceiro andar da Biblioteca Central da UFBA.
>
> Neste sentido, solicitamos a obsequiosa [sic] de V.S. para entrar em entendimentos com a Direção da Biblioteca Central no sentido do deslocamento do acervo do Prof. Smetak para outra área, conforme contactos já mantidos neste sentido[5].

A fragilidade da Associação e a confusão em torno da responsabilidade pelo acervo, evidenciam-se neste momento. Em silêncio, parte das obras foi transferida para o saguão do terceiro andar; os instrumentos quebrados ficaram

---

**4** Conforme correspondências trocadas entre Julieta e Luiz Carlos La Saigne, no período de 1985 a 1986.

**5** Documento encontrado no acervo, datado de 26 de junho de 1996, em papel timbrado da Universidade, documento n. 033/96.

guardados numa sala, amontoados entre mesas, armários e microfilmes. Bárbara e alguns músicos da cidade, em um esforço de demonstrar dignidade, tentaram dispor as esculturas de uma maneira que evidenciasse a condição real do acontecido, ou seja, o despejo, o que impulsionou uma série de ações na tentativa de reverter a situação.

A Associação reestruturou-se, minimamente, chegando a publicar, em 2001, o livro *A Simbologia dos Instrumentos Musicais*, associado ao Projeto Walter Smetak financiado pela Fundação Cultural do Estado da Bahia, além do patrocínio da Copene. O projeto contou, ainda, com a recuperação do instrumental e concerto de lançamento.

Até o início de 2007, seu acervo está mantido, por iniciativa do atual reitor da UFBA, Naomar de Oliveira, e da diretora da biblioteca central, Graça Ribeiro, aberto para visitações na sala de coleções especiais, no 3º andar da Biblioteca Reitor Macedo Costa, no campus de Ondina. Havia, ainda, duas de suas Plásticas Sonoras, a Metástase e a Caossonância, expostas na Casa da Música, localizada na lagoa do Abaeté.

Algumas de suas criações foram restauradas e delas foram feitas réplicas. Este trabalho normalmente é solicitado sempre às vésperas de exposições e apresentações internacionais como, por exemplo, durante o MaerzMusik – Festival fur Aktuelle Musik em Berlim, realizado em março de 2005, quando alguns instrumentos originais foram apresentados na exposição e no espetáculo Walter Smetak Die Symbologie der Instrumente. Esse trabalho de restauração ficou a cargo de Bira Reis, construtor que atua também na pesquisa de novas formas para instrumentos musicais, de Olga Gómez, artista plástica e de Fernando Cardoso, *luthier*.

Como membros ainda atuantes na Associação, relevo a importância do músico Tuzé de Abreu que, além de ter atuado muitos anos com Smetak, atualmente estuda, de maneira geral, toda a criação smetakiana, dirigindo grupos de improvisação com seus alunos; do artista-plástico Walter Lima, coordenador editorial no projeto do livro; da museóloga Mirna Conceição; do diretor de teatro Paulo Dourado; dos músicos Marcos Roriz e Antonio Sarkis; e, ainda, dos familiares Bárbara Smetak, que atua sempre como uma guerreira na preservação da obra do suíço, Jorgéa Smetak Paoli, Honorato Smetak e Antonio Roberto Paoli, atual procurador dos interesses da família.

# II
# O PROCESSO DE CRIAÇÃO

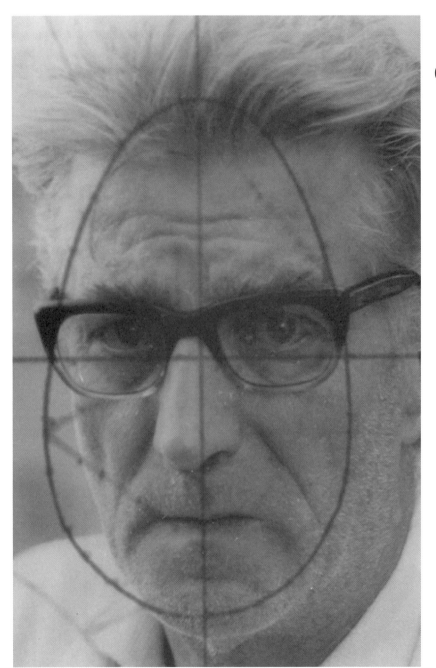

Plásticas sonoras

Sinto estes corpos milenares
Com mil pregos furados em tábuas
Igual aos cristos nos calvários
Coladas as costuras e emendas
Tapadas com os dedos nove fendas
Para segurar as folhas tremendas
E se decompondo em fragmentos
Num buquê de flores e legendas
Em ritmos lentos aos quatro ventos

Smetak

# 6.
# O Processo Criativo
# de Walter Smetak

Encerrado o levantamento biográfico, convém retornamos à discussão da pertinência do uso da biografia na compreensão da arte, ou mesmo dos métodos e do processo criativo de um autor. Luigi Pareyson pondera a esse respeito, citando o pensamento de Croce:

> A personalidade artística e a personalidade humana de um autor são, diz ele [Croce], nitidamente distintas: a primeira coincide com a sua obra, e é a única que interessa no caso de um artista, porque representa verdadeiramente o seu valor e seu significado, enquanto a segunda é uma realidade puramente biográfica, uma instável e fluida sucessão de atos e paixões que, contendo os sentimentos vividos mas não o mundo fantástico de um autor, os "frêmitos e os tremores dos seus nervos" mais que as imagens por ele contempladas, não é de utilidade alguma para esclarecer e fazer compreender a obra[1].

No entanto, como o próprio Pareyson indaga: "Não disse o próprio Goethe que as suas poesias não são senão os elementos de uma grande confissão?". E continua: "é necessário reconhecer que muitos fatos da vida de um

---

[1] *Problemas de Estética*, p. 91

artista constituem uma contribuição direta e insubstituível para a compreensão da sua arte"[2].

Considerando o artista como alguém que, imerso num processo de vir a ser, dá origem a algo, a um fenômeno que, no caso, é a obra de arte[3] e, também, que este fenômeno tem como causa a relação direta desse artista com a matéria, o conceito, a forma e o formar da obra, não há como desprezar os conteúdos que nos nos dão pistas sobre formação do artista, a técnica, as influências e o ambiente no qual está inserida sua produção.

No caso de Smetak, suas Plásticas Sonoras, evidentemente, encerram em si uma possível leitura do conjunto de significações impulsionadas pela hibridização de forma-cor-som. Entretanto, estando imerso, como foi referido anteriormente, nesse processo de eterno vir a ser e, considerando o aspecto da atitude de criação multi, inter e transdisciplinar do compositor, bem como suas declarações sobre a impulsão de sua criação em território baiano, torna-se impossível ignorar toda a fundamentação filosófica calcada numa trajetória pessoal em que se inter-relacionam vida, pensamento e produção desse autor.

Como foi apontado, Smetak não esteve alheio ou à parte de toda a ebulição artística do século XX. Frente a uma pulverização de poéticas, entretanto, não poderia alguém estar à frente do seu tempo.

Isto de maneira alguma diminui ou destitui a importância e a observação do processo criativo desse artista que, em uma coleta de conceitos, experiências, materiais, técnicas e meios, chegou ao novo em um movimento de colagem e ressignificação dos objetos encontrados.

Essa atitude criativa possivelmente não encontraria ressonância nesse suíço de nascimento e músico de formação estritamente tradicional, não fosse o fato de a trajetória pessoal do artista enveredar-se para o continente sul-americano, tangenciando experiências orientais (via Eubiose), afro-brasileiras e da arte contemporânea (via Seminários Livres de Música, da Bahia).

Plaza e Tavares apontam a doutrina das quatro causas para a explicação da obtenção dos fenômenos, a partir dos dois princípios aristotélicos correlativos que possibilitam explicar as diferentes categorias do devir, *hylé* (matéria) e *morphé* (forma):

> Segundo a doutrina aristotélica, para se obter a explicação dos fenômenos, deve-se conhecê-los mediante as suas causas. A primeira delas, a Material, designa a matéria de que uma coisa é feita [...]. A Formal refere-se à razão dos fenômenos, ao logos, ou seja, é a causa racional. [...] Com

---

**2** Idem, p. 90.
**3** J. Plaza; M. Tavares, *Processos Criativos com os Meios Eletrônicos*, p. 65.

relação à causa Motriz, diz-se que, por sua ação física, produz o efeito [...]. Como causa Final, entende-se aquilo pelo qual o efeito é produzido[4].

Dentro dessa perspectiva aristotélica das causas dos fenômenos, procuraremos fazer dialogar, no processo criativo de Smetak, representado pelas suas Plásticas Sonoras, a materialidade, a forma e intenção do artista, sua ação ao operar e o efeito conseguido.

Reitero que com suas Plásticas Sonoras, Smetak nos propõe o novo a partir do milenar. Faz isso não só conceitualmente, com suas referências orientais enviesadas por sua vivência eubiótica mas, também, pela própria constituição material dos seus objetos. Juntava tudo o que via ao redor: cravelhas usadas, cabos de vassoura, cordas velhas, mecanismos de relógio etc, com materiais da natureza, como a cabaça e o bambu. Dava a esses materiais um novo sentido, pois deixavam seu contexto original e conquistavam o universo mítico dos seus conceitos. Na verdade, eram como que materializações fragmentárias de conceitos fragmentários compondo, assim, um objeto novo, intermediador e intermediário de uma arte que pretendia ser una, transformadora e depositária da crença de um novo mundo que estaria por vir.

Reta na Curva

[4] Idem, ibidem.

Coletando e colecionando alguns objetos encontrados, Smetak aguardava a adequação de cada um deles a um novo empreendimento. Analisando o material de suas Plásticas Sonoras, não se pode dizer que ele buscava somente materiais potencialmente sonoros ou potencialmente plásticos; havia um campo para a possibilidade da junção, da interação e isso era mais evidente do que a intencionalidade na coleta. É óbvio que, em se tratando de cordas velhas, cravelhas e cabos de vassoura, os destinos eram mais ou menos os esperados, mas, diante da nova empreitada, ele os reorganizava inventariando seu banco de fragmentos materiais e imateriais e os dispunha de maneira a assumirem novas funções.

Esse é o caso da utilização das cordas no instrumento Selvadura. Ali, ao invés do uso da corda presa a um ponto e esticada para que possa criar uma tensão e ser pinçada ou friccionada por um arco, Smetak as corta prendendo uma de suas pontas, perpendicularmente, a uma superfície de madeira e deixando o restante solto para funcionarem como um lamelofone[5]. Da mesma forma, na obra Caossonância, exposta na XIV Bienal Internacional de São Paulo, a cabaça, em particular, assume uma função diferente da que normalmente vemos na obra do suíço. Ali, deixa de ser a caixa de ressonância, a cabeça ou a sementeira e assume o aspecto de astros, ou mesmo de captadores de sons do ambiente.

Selvadura

[5] O lamelofone pertence à família dos idiofones, sendo o elemento vibratório o próprio corpo do instrumento. Neste caso, várias lâminas são presas a uma base para serem pinçadas ou dedilhadas. Ex: xilofones, mbiras e sanzas (http://mnetnologia-ipmuseus.pt/media/guiao_escolar.pdf).

Acredito que, embora haja alguns rascunhos e esboços de instrumentos, não havia um planejamento estrito da sua forma final; o que havia era um progresso do projeto no decorrer do trabalho. Isto não exclui a sua intenção na forma, o conceito da sua plástica, mas evidenciava sua atitude na criação que encontra ressonância no que Lévi-Strauss classifica como *bricoleur*.

O *bricoleur* está apto a executar um grande número de tarefas diversificadas porém, ao contrário do engenheiro, não subordina nenhuma delas à obtenção de matérias-primas e de utensílios concebidos e procurados na medida de seu projeto: seu universo [do *bricoleur*] instrumental é fechado, e a regra de seu jogo é sempre arranjar-se com os "meios-limites", isto é, um conjunto sempre finito de utensílios e de materiais bastante heteróclitos, porque a composição do conjunto não está em relação com o projeto do momento nem com nenhum projeto particular, mas é o resultado contingente de todas as oportunidades que se apresentaram para renovar e enriquecer o estoque ou para mantê-lo com os resíduos de construções e destruições anteriores[6].

Todavia, colocá-lo simplesmente como um *bricoleur* seria reduzir seu *modus operandi* a um universo limitado. Smetak ultrapassa, em sua produção, as delimitações simplistas; sua poética estaria em estado de trânsito entre a reflexão mitopoética do *bricoleur* e as elaborações minuciosas, aliadas à capacidade artesanal, do artista engenheiro.

Desse modo, planeja e executa projetos, como é o caso do laboratório-instrumento Ovo, do projeto de universidade e, ainda, de alguns de seus instrumentos.

Porém, a constituição material de sua obra plástica, como foi frisado anteriormente, fixada na utilização do material encontrado, mesmo contendo alguma pré-elaboração de um projeto, depende da ressignificação que seus utensílios lhe permitem:

Observemo-lo no trabalho: mesmo estimulado por seu projeto, seu primeiro passo prático é retrospectivo, ele deve voltar-se para um conjunto já constituído, formado por utensílios e materiais, fazer ou refazer um inventário, enfim e sobretudo, entabular uma espécie de diálogo com ele, para listar, antes de escolher entre elas, as respostas possíveis que o conjunto pode oferecer ao problema colocado. Ele interroga todos esses objetos heteróclitos que constituem seu tesouro, a fim de compreender o que cada um deles poderia "significar", contribuindo assim para definir um conjunto a ser realizado[7].

Da mesma forma com que atua em relação aos fragmentos materiais, Smetak monta e remonta conceitualmente, a cada novo projeto, fragmentos dos

---

**6**  *O Pensamento Selvagem*, p. 33
**7**  U. Eco, *A Definição da Arte*, p. 33-34.

pensamentos e conceitos eubióticos e de culturas orientais, reorganizando-os em verdadeiras narrativas míticas, dando a cada cor, a cada forma e a cada som do novo objeto uma significação dentro de uma estrutura espiritual hierarquizada que, mais adiante, será explicitada na análise da Divina Vina.

Nesse sentido, sua criação organiza-se num pensamento mitopoético. Plaza e Tavares colocam como sendo característica do pensamento mitopoético, "elaborar conjuntos estruturados, mas utilizando resíduos e fragmentos de acontecimentos"[8].

Dentro de uma perspectiva material, a bricolagem passa a ser um método de criação característica de um tipo de pensamento mitopoético.

> No caso do bricolagem, as criações sempre se organizam por um arranjo novo de elementos. Não se modifica a natureza de cada elemento, em razão da sua disposição final, adquirida no conjunto. Cada fragmento traz consigo um contexto sintomático, que, reunidos, reorganizam-se em uma narrativa[9].

Essa narrativa desempenhada pela Plástica Sonora desenvolve-se na ação do signo que transita entre o conceito, a imagem e o som, em que cada elemento constituinte assume esse trânsito entre suas representações múltiplas, compondo e encerrando em si essa estrutura narrativa.

Referindo-se ao antigo, apropriando-se dos vestígios materiais do mundo contemporâneo (objetos encontrados), Smetak estabelece um trânsito temporal que abole tanto o arcaico quanto o moderno. Faz esse mesmo movimento entre o sagrado e o profano, embora, em sua obra, haja a predominância do religar. Sua retórica e lógica de pensamento não se constituem através da linha de desenvolvimento da música e pensamento ocidentais; ele desconstrói, desmantela e reconstrói o contexto de seu trabalho em um campo imaginário de aproximações, colando os cacos na pretensa formação de um conceito novo.

Sua origem suíça nada tem a ver com isso; seu gesto parece muito mais transitar entre um antropofagismo religioso e um resgate de uma ponta dionisíaca perdida no novelo da cultura ocidental, para uma reaproximação e diálogo com o espírito apolíneo.

Conforme Nietzsche, que defende o ganho a favor da ciência estética quando aproximarmos a intelecção lógica (apolínea) à certeza imediata da intuição (dionisiaca), esses impulsos tão diversos da cultura helênica contrapõem-se "quanto às origens e objetivos, entre a arte do figurador plástico, a apolínea, e a arte não-figurada da música, a de Dionísio"[10].

---

8 Op. cit., p. 112.
9 Idem, ibidem.
10 *O Nascimento da Tragédia ou Helenismo e Pessimismo*, p. 27.

Mas, chegar à natureza dionisíaca demandaria "demolir pedra após pedra, por assim dizer, o artístico edifício da cultura apolínea, até vislumbrarmos os fundamentos nos quais se assenta"[11].

As Plásticas Sonoras de Smetak emergem como a associação dessas duas entidades originárias do pensamento trágico grego. Se de um lado a plasticidade material associada ao deus Apolo atrai a atenção ao objeto, por outro, essa plasticidade só se completa com a atuação do intérprete intuitivo – ou o sacerdote que Smetak acreditava ser o músico – que extrai da forma uma arte absolutamente não figurativa, a música dionisíaca, não-melódica, não-consonante.

Seu pensamento, muitas vezes, parece embebido do espírito da contra-doutrina dionisíaca defendida por Nietzsche:

o meu instinto, como um instinto em prol da vida, e inventou para si, fundamentalmente, uma contra-doutrina e uma contravaloração da vida, puramente artística, anticristã. Como denominá-la? Na qualidade de filólogo e homem das palavras eu a batizei, não sem alguma liberdade – pois quem conheceria o verdadeiro nome do Anticristo? – com o nome de um deus grego: eu a chamei de dionisíaca[12].

Como vemos no texto abaixo, Smetak até mesmo extrapola esse parentesco:

Eu sou um decompositor contemporâneo;
Eu sou o antiequilíbrio; a assimetria
A reação; eu sou a guerra para nunca
haver paz nenhuma; Eu me dedico ao caos
para haver num dia o grande caos dos
caos provocado da natureza humana; apocalíptica
e cruel.
Deus se desmaterializou; existe na desexistência;
Sou o ateísta que no fundo chamo
Deus. Porque sendo eu contra a tradição
Do pensamento sou um antecristo.
Harampálaga;
Está tudo acabado;
O resto é silêncioooooooo[13].

Sua idéia da decomposição, contrária a tradição do pensamento, como escreve na poesia acima citada, não obstante a possível leitura referente à idéia da desconstrução do filósofo francês Jacques Derrida, assemelha-se, sobretudo,

---

**11** Idem, p. 35.
**12** Idem, p. 20.
**13** Em *Smetak, Eu Sou um Decompositor Contemporâneo*, catálogo da exposição.

Fidle

ao impulso também dadaísta do começo do século. Período de subversão do sentido da criação artística, de busca de uma arte que pudesse, livre da tradição e do dogmatismo poético, ser abrangente, ampla, no sentido de intermediar as fronteiras entre as diferentes artes.

Em textos como esse, Smetak procurava desmantelar o pensamento tonal tradicional, alertar para a chegada de um novo tempo em que o homem precisaria libertar-se das amarras ultrapassadas do racionalismo para desenvolver a intuição.

No tocante à sua ação no trabalho, provém sua capacidade motora de uma habilidade desenvolvida na infância, no manuseio com ferramentas para práticas manuais. Smetak realça isto mencionando que durante o inverno em sua casa ficava envolvido nestas atividades[14]. Entretanto, foi possivelmente sua ligação com a música erudita, através de sua sólida formação em conservatórios, que o possibilitou tomar contato com o artesanato da luteria. Isso fica identificado em seus currículos quando menciona ter freqüentado oficinas de *luthiers*, aprendendo esse ofício.

Em sua obra plástica esse indício é muito forte, mesmo sob a alegação do compositor de que seu trabalho era de antiluteria. Seu ponto de partida foi o impulso para serem produzidos novos sons e sua referência para tal era o instrumento musical nas suas qualidades e características de produção sonora. O interessante é observar a trajetória desse autor, visto que sua investigação sonora passa a transitar do instrumento musical (como é o caso dos Choris, do Fidle, do Gambus orientalis, do Violoncelo Cristal) para, desse ponto, alcançar, como limite, a escultura (como, por exemplo a Metástase, a Caossonância e o Anjo Soprador), passando pelo que se tornou o mais latente em sua obra que, justamente, é o híbrido estado entre a plasticidade e o som. Smetak faz esse trajeto num intenso processo de absorção pelo trabalho, recriando, em cada instrumento, um universo mítico no qual acreditava e que o deixava, permanentemente, num estado de eterno vir a ser.

Seu trabalho de *luthier* alternava-se entre a composição de materiais prontos e a escultura (antiluteria) que só foi alcançada com a descoberta da perspectiva plástica do objeto sonoro. A possibilidade de brincar com a simetria do instrumento convencional veio com a construção do Fidle; a referência e contemporaneização de instrumentos milenares veio com a Vina, e a transcendência da forma e intenção do instrumento veio com a Metástase. Em suma, acima de tudo a ação no material feita por Smetak é a da experimentação a partir da colagem de fragmentos e do artesanato no fabrico de instrumentos musicais.

Assim, ele chega a objetos plásticos de interatividade sonora em que o executante é quem primeiro encerra sua significação para, depois, torná-la,

**14** Depoimento a Luiz Carlos la Saigne.

novamente, aberta para outro executante. Este não precisa necessariamente de um sólido conhecimento musical, o instrumento não exige isso, mas, como veremos adiante na análise da Vina, outros quesitos devem ser preenchidos para essa interação.

Dentro disso, Smetak propõe o caos, deixa-se impulsionar pelo imprevisto, acredita na improvisação como criação; uma improvisação aparentemente sem o estabelecimento de parâmetros. Avança no experimentalismo, porém ainda encharcado pelo pensamento mítico. Os parâmetros ainda existem; pede aos seus músicos atenção às dinâmicas, mas propõe isso preocupado com a transparência da dualidade luz e sombra que persegue o espírito

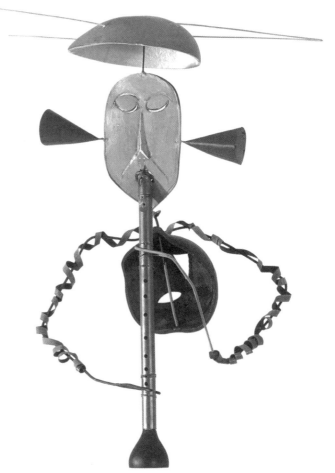

Anjo Soprador

humano[15]. Acredita na intuição como uma faculdade que sobrepujará a razão nesse novo ciclo que se anuncia e deixa isso transparecer na sua obra. Embarca em uma viagem messiânica e profética, tanto que sua obra Vina era chamada, no início, de Vina Itaparicanaã, em uma referência ao instrumento milenar hindu que ressurge na terra prometida da nova era. Talvez isso explique também a preocupação com a performance no instrumento. Somente o novo homem, dotado de uma nova percepção, sensibilizado pela influência da platéia, porém, de costas para ela, para não ser estimulado pela ditadura da imagem que impera sobre os outros sentidos, apenas este sacerdote (como ele se referia) poderia fazer soar o que é a extensão e projeção deste novo indivíduo, o instrumento musical. Neste caso, uma mistura de instrumento, templo e escultura.

Era um objeto múltiplo, como também deveria ser o seu intérprete. Muitas qualidades e nenhuma especificidade que domine as demais. Mesmo como instrumento musical reúne, em si, os demais instrumentos. As caixas de ressonância aludem aos instrumentos hindus. Combina sinos chineses, uma espécie de cítara de mesa, um violoncelo, um gongo, o sopro em seu interior através de uma mangueira e sua corda simpática.

Para a compreensão e análise do processo criativo de Smetak, na totalidade de suas implicações conceituais, sonoras, plásticas e materiais, tomaremos, como signo de sua obra, essa escultura musical à qual refiro-me acima, analisando suas qualidades sensíveis e os aspectos inteligíveis, tomando-a como representação da trajetória criativa do compositor que, em alguns casos, não é exatamente uma trajetória linear, mas, sim, dinâmica.

---

15 Em trecho gravado de um ensaio, Smetak discute com seus músicos após uma passagem da improvisação em que não concorda com a falta de dinâmica do grupo. Gravação feita para o documentário de Luiz Carlos La Saigne.

# 7.
# A Divina Vina como Síntese de um Procedimento Criativo

Esse instrumento/escultura sintetiza não só todo o conjunto de instrumentos de cordas criados pelo artista[1], como também o próprio conjunto de sua obra. E também a intermediação, o hibridismo e a transformação do instrumento para a escultura guardam, ainda, fortes indícios da luteria tradicional ocidental, em uma linha de transformação encontrada no Fiddle e Gambus Orientalis e na família dos Choris.

A escolha da Vina como signo analisado deu-se por ser ela a síntese e o símbolo da obra de Walter Smetak, em que se encontram procedimentos e pensamentos que se tornam recorrentes nos seus demais instrumentos. Da mesma maneira, a Vina é de um hibridismo latente, abrindo a possibilidade da leitura e apreciação plástica e sonora, ao mesmo tempo.

O procedimento de assemblagem fica muito nítido no caso da Vina, ou seja, molas de relógio, sinos, arames, todos estes objetos tirados do seu contexto original ganham vida e significados na intermediação entre a fronteira plástica e a musical.

O entendimento da obra de Smetak, na sua poética, na sua proposição artística e filosófica passa, necessariamente, por entender todo o ambiente

---

1 Em *A Simbologia dos Instrumentos*, Smetak menciona a Vina como sendo a síntese de todos os instrumentos de cordas.

Divina Vina

Detalhe do tubo da Divina Vina

moderno que precede seu período de produção, sua ligação com a filosofia oriental, sua percepção da necessidade de mudança frente a um novo ciclo que se aproxima. O conjunto de sua obra explicita suas influências e sua posição de que o som era apenas um meio de transformação e preparação para esse novo mundo.

Nesse sentido, a idéia básica da Vina reside na contemplação do passado e do futuro, em um espaço plástico-sonoro atemporal, um templo onde o sacerdote (o executante) improvisa, captando as energias da platéia e da divindade e comunicando as duas partes através da música por ele tocada.

O conjunto de significados possíveis que habitam o signo em questão é constituído pela disposição das formas, a cor, as inter-relações e intenções simbólicas arranjadas pelo artista. A grande ferramenta para essa análise é o livro manuscrito do próprio compositor *A Simbologia dos Instrumentos*, de 1980 – publicado em 2001 –, em que descreve e analisa sua obra instrumental.

A escultura-sonora tem 140 cm de altura, com três cabaças unidas por um tubo ressonador de bambu oco, com uma corda esticada em seu interior. A primeira cabaça encontra-se embaixo, cortada ao meio e tendo um tampo que a fecha. A segunda é a menor e encontra-se atrás do braço, encaixada na terceira. Essa terceira fica situada no extremo superior e é desproporcionalmente maior, como uma catedral gótica com sua nave suspensa. Assim como a primeira, também é cortada ao meio, porém, aberta, pintada de dourado e com um mecanismo que faz tocar uma mola de relógio. No tubo, encaixam-se, de um lado, o braço e o espelho e, do outro lado, uma pequena harpa e dois sinos chineses dentro de um triângulo. Há, ainda, uma mangueira para soprar e ativar o que Smetak chamou de um vibrafone elétrico.

A afinação das três cordas postas em cima do espelho é E(mi) B(si) E(mi), um intervalo de quinta e uma quarta, conforme se vê na ilustração abaixo:

Por outro lado, a afinação da harpa é composta, de um lado – já que é tocada pelos dois lados –, por uma escala derivada da série harmônica: C, D, E, F, F#, G, A, Bb, B, C. Do outro lado, a afinação é escolhida, arbitrariamente, pelo executante.

A variedade de formas, instrumentos e afinações no mesmo objeto, bem como a utilização do dourado dentro da cabeça-cabaça, organizam a sintaxe sonoro-visual desta escultura. Fundamentam-se, justamente, na multiplicidade em torno de um mesmo objeto, nesta qualidade híbrida, para dela abrir-se uma

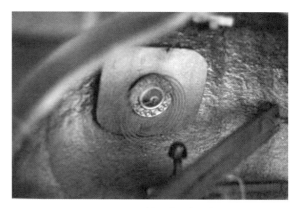

Detalhe da cabaça superior da Divina Vina

nova perspectiva – a escultura-musical – que é uma síntese de formas e sons que dá origem a um e a todos os demais instrumentos, havendo a contemplação do passado e do futuro, ao mesmo tempo.

Como escultura, a Vina mostra-se singular tanto nas formas individuais, já que uma cabaça nunca será igual à outra, quanto nas formas já existentes. A utilização dos sinos chineses, das molas, cravelhas, cavalete etc., está fora dos contextos originais, assumindo, na escultura, novos significados em um processo de *assemblage*.

Já em sua causa material encontramos uma potencialidade múltipla por ser, totalmente, montada com fragmentos e materiais oriundos das mais diversas fontes: desde os naturais, como o bambu e as já citadas cabaças, até os fragmentos de relógios, de instrumentos musicais e a própria mangueira. Toda esta variedade opera em um sentido de ressignificação parecido ao do *ready made* dadaísta. A esse respeito, Umberto Eco coloca:

> Havia na base destas operações [*ready made*] figurativas um projecto assaz subtil: cada objecto traz consigo uma carga de significados, quase constitui um termo de vocabulário, com as suas referências bem precisas, como se tratasse de uma palavra: isolemos o objecto, afastemo-lo do seu contexto habitual para o inserirmos num outro contexto; ele ganhará outro significado, ganhará um halo de referências insuspeitadas, dirá algo que até ao momento não tinha dito[2].

Essa natureza material diversa aponta, para Smetak, caminhos diversos tanto plasticamente quanto em suas implicações sonoras distintas. Temos na Vina uma sonoridade de violoncelo misturada a um som de uma quase cítara hindu e, também, ao som de um cravo. Ao mesmo tempo, é uma pequena harpa em que se juntam os sinos chineses e um gongo. Não bastasse esta multipli-

[2] *A Definição da Arte*, p. 204.

cidade sonora, somos impulsionados, com a mesma força, a uma contemplação plástica de algo monumental embora miniaturizado.

A desproporcionalidade da cabeça-cabaça sugere, segundo o autor, um impulso gótico, ligando o objetivo, o eu pessoal e o subjetivo, o eu divino. A Vina pode ser vista também, como o próprio Smetak dizia, como um templo em miniatura.

Na disposição dos objetos há uma intenção simbólica sugerida. Toda a representação está permeada pela idéia de tricotomia, segundo o compositor: Shiva-Vishnu-Brahma, transformação-superação-metástase, instrumento-improvisação-doutrina, veículo-aplicação-conteúdo, tese-antítese-síntese. Toda esta tricotomia encontra-se nas formas triangulares: as três cordas dedilhadas, as três cabaças, o triângulo em torno aos sinos, a própria forma do instrumento como dois triângulos unindo-se por um vértice.

Na utilização da cabaça atrás do braço, vislumbram-se todos os instrumentos de cordas indianos, tais como a cítara e a própria Sarawasti Vina, instrumento milenar hindu tomado por Smetak no sentido de um templo em miniatura, origem dos instrumentos de cordas e ao mesmo tempo instrumento, ou veículo, do equilíbrio entre forças. Encontramos, também, na Vina de Smetak, outras características das Vinas hindus, ou seja, a cabaça como caixa de ressonância, o tubo oco. Da mesma maneira, encontramos aspectos semelhantes aos demais instrumentos de cordas ocidentais, tais como o violoncelo e a harpa.

De uma maneira geral, a Vina segue princípios acústicos orientais e ocidentais diversos, tais como ressonância por simpatia, posição do cavalete, espelho; há ainda a invenção de uma chave de registro que aciona a alma. Quando não acionada, torna o timbre do instrumento mais próximo aos sons dos instrumentos de cordas orientais. Desse modo, a Divina Vina sintetiza, de alguma maneira, o funcionamento dos instrumentos de cordas de uma maneira geral.

No que se refere ao nome, faz referência ao instrumento hindu milenar, associado a Sarawasti, deusa da sabedoria hindu, representada nas pinturas que ornamentam as Vinas mais antigas[3]. Uma vez que esse instrumento não é mais encontrado no seu aspecto primeiro, hoje o nome se refere a um instrumento hindu de sete cordas.

Segundo Heinrich Zimmer: "Cada profissão tem sua divindade tutelar especial, que encarna e personifica a própria habilidade do ofício, e maneja suas ferramentas como atributos distintivos"[4].

Vina hindu

3  R. Shankar, *Musique ma vie*, p. 51
4  *Filosofias da Índia*, p. 118.

No que se refere à deusa Sarawasti, Zimmer coloca: "A divindade tutelar dos escritores, poetas, intelectuais e sacerdotes, por exemplo, é a deusa Sarasvati: a deusa do discurso fluente e loquaz"[5].

Junto a essa clara referência à cultura indiana acende, novamente, a esperança no Brasil como a terra prometida, ou quem sabe a *Utopia* de Thomas More, ou o Brasil terra do futuro de Stephan Sweig, tendo como localização exata esta Canaã em Itaparica, ou Itaparicanaã, como designava seu instrumento. Esta designação não aparece em *A Simbologia dos Instrumentos*, porém, ao encontrar programas de exposição das Plásticas Sonoras da década de 1970, pude constatar o uso de tal denominação.

Smetak dizia que este misterioso instrumento milenar renasceu nas plagas do extremo ocidente, no Brasil, em Salvador, onde se achavam ocultos os demais instrumentos de cordas. Por isso, representou-a com inúmeras possibilidades formais e timbrísticas. Era movido pela idéia de um novo mundo e dizia, ainda, ser o Brasil a terra onde se materializaria esta nova civilização, com novos homens, nova ordem e lógica, e esta nova ordem era ditada pela intuição, a improvisação, o imprevisto. Na Vina encontram-se indícios dessamaes dizeres; acreditava que seu executante não poderia ser uma pessoa comum e sim:

uma pessoa de grande cultura, de saber universal e integral, e de uma inteligência vivente. Só assim ele se identificará com a simbologia da VINA. Esta deve devolver ao homem a improvisação. O instrumento é templário, um templo em miniatura e expressa uma doutrina. Não traz consigo apenas o método de escalas, arpejos e exercícios. A improvisação é um reflexo da existência. Esta se expressa no monólogo, na voz do silêncio[6].

Este vínculo estabelecido com o nome, no caso da Vina, demonstra o desejo do autor de representar a atemporalidade do instrumento como um templo em miniatura, oriundo da idade de ouro da cultura hindu e que ressurge em território brasileiro onde uma nova cultura iniciará um novo ciclo.

Em tempos remotos, DEUS falou ao homem através das nuvens, da sarça ardente, do espaço. A voz se calou. Vieram os Avataras. E Ele falou através dos Avataras [...] E hoje, ele fala pela voz do silêncio ou da própria consciência[...] Jamais foi vista a face D'Aquele que falou através do espaço. Ouviu-se apenas a voz de Alguém. E chamaram-no Deus. E Ele falou através do trovão, da pedra e da árvore. Mas, jamais foi visto. E os homens, ainda frágeis nas suas estruturas mentais, ergueram totens, monumentos e objetos para que a divindade se manifestasse mais objetiva, através desses artifícios. Estabeleceram cultos e rituais, mas os totens, usando só um atributo do acasha, por

---

**5** Idem, ibidem.
**6** *A Simbologia dos Instrumentos*, p. 96.

Capa sugerida para a performance da Vina

terem sido construídos pelos homens, apenas restaram no seu mutismo. Veio o sacerdote, e o artista que os tocou e os usou como instrumentos da divindade.

Apareceu o instrumento, uma Plástica Sonora de grandes dimensões. Veio o templo, para proteger Deus do tempo. E assim, esse deus entrou na casa da gente, vieram os instrumentos menores e portáteis para serem tocados dentro de casa. Uma parcela do infinito chegava ao finito[7].

Smetak acreditava ser a Vina um desses instrumentos, por ser feita na medida correspondente ao tamanho humano e como um templo, repleta de símbolos que evocam o religar a divindade.

Smetak concebeu a Vina para ser tocada de costas para a platéia, "com o intuito, simbolicamente falando, da busca de fora para dentro. Mas com gesto. As antenas estão dirigidas para o fim subjetivo, e não para o fim objetivo. O recitante assimila o magnetismo dos presentes, para ultrapassar os limites"[8].

Nesse sentido, a performance na Vina assemelha-se, mais uma vez, com a estética indiana, como podemos observar na referência sobre a "Arte Hindu" de Umberto Eco:

> Na arte indiana, uma tal adesão às forças naturais obtém-se por via de ascese e refinamento das capacidades operativas; Lacombe recorda ainda que os vários tratados de estética, ao fornecerem aos artistas as regras canônicas aptas a realizar o fim artístico, recordam continuamente que o artista deve aplicar os métodos de concentração de ioga, para que no espírito purificado e retificado se possa produzir essa intuição geradora sem a qual a habilidade técnica permaneceria estéril[9].

O recitante, para Smetak, representa um sacerdote que reza a missa de costas para o público, transmitindo, em vibrações, aquilo que viu e ouviu. Deveria, ainda, usar uma capa branca envolvendo-o e uma máscara colocada na parte detrás da cabeça, com um reflexo desta abaixo, nas costas da capa.

A cabaça inferior, segundo o autor, significa Shiva, o transformador do universo, quem governa a natureza, mas, também, o deus da destruição. A cabaça menor, encaixada na extremidade superior do instrumento, significa Vishnu, o conservador, o sustentáculo do universo. E a cabaça maior representa Brahma, o criador do Universo.

É interessante observar que esta disposição, com a cabaça inferior referindo-se a Shiva, a do meio a Vishnu e a superior, a Brahma, perfaz a trindade divina hindu em sua disposição hierárquica, tendo um sentido de ascendência. Na trindade indiana, o primeiro aspecto da trindade é Brahma, o segundo é

---

**7** Idem, p. 59.
**8** Idem, p. 91.
**9** Op. cit., p. 65.

Vishnu e o terceiro é Shiva. Na Vina, esta ordem, em uma leitura de baixo para cima, está invertida, porém, nos dá a impressão de que Smetak as coloca assim em uma leitura verticalizada de uma ascensão ao criador, reproduzindo a tríade eubiótica: transformação, superação e metástase.

O conjunto das trinta cordas da harpa, assim como os bordões e os sinos representam, para o autor, um conjunto separado; são os jovens e os velhos ao mesmo tempo:

> Juventude que anuncia pedindo os seus direitos. Juventude que anuncia uma nova tônica, exclama novas idéias coletivas. Ao seu lado a velhice, cheia de sabedoria, cingida de uma coroa de espinhos, talvez os anéis de Saturno, simbolismo que o Cristo teve de suportar[10].

As cordas colocadas em cima do espelho expressam uma relação do homem para com o instrumento. Em número de três, figuram como tríade: tese-antítese-síntese.

A chave de registro simboliza a passagem do mundo oriental para o ocidental. Cabe ao intérprete fazer a fusão mental entre os dois. Esta chave de registro, encontrada em outros instrumentos de Smetak, aciona a alma do instrumento aumentando a ressonância dele. Nos instrumentos orientais, esta pequena madeira não é encontrada, sendo mais encontrado, por exemplo, o uso de cordas simpáticas. As cordas simpáticas, comuns aos instrumentos hindus, principalmente, são também encontradas em alguns instrumentos antigos europeus. Sua função não é a de ser tocada com as mãos, mas, sim, através da ressonância com a corda tocada que vibra, produzindo uma sonoridade de prolongamento do som executado.

O interior da cabaça superior é todo pintado de cor dourada. Smetak faz uso desta cor para significar a anunciação de uma idade de ouro, Satya Yuga, bem como as forças da natureza, deste ciclo de ressurgimento. A teoria das quatro idades do mundo é uma teoria cíclica, composta pelas idades do ouro, da prata, do bronze e do ferro, sendo esta última chamada pelos hindus de Kali yuga, um tempo de destruição dos valores éticos, de guerras, de tragédias e de morte. Nossa época atual seria essa última que, em breve, anunciaria a chegada da renovação, a idade do ouro, um recomeço para a humanidade.

O tubo ressonador de bambu diz significar "antakarana", aquele que estabelece comunicação do Eu divino (parte superior) com o eu pessoal (parte inferior).

Mais uma vez, em sua criação, o autor trabalha com mitos estabelecidos por outra cultura, no caso, mais uma vez, a indiana; articula-as no sentido de compor a sintaxe visual da escultura, atribuindo-lhe uma condição mística de superação e transcendência para o religar com o divino.

---

**10** *A Simbologia dos Instrumentos*, p. 96.

De acordo com a psicologia clássica hindu, conforme observa de Zimmer:

> o homem tem cinco faculdades de percepção (audição, tato, visão, paladar e olfato), cinco órgãos de ação (fala, apreensão, locomoção, evacuação e procriação) e um órgão interno (antahkarana) de controle que se manifesta como ego (ahankara), memória (cittam), compreensão (buddhi) e pensamento (manas)[11].

Por outro lado, a serpente do kundalini é representada pela corda de aço esticada no interior desse tubo de comunicação que liga o ego humano ao eu divino. Para a filosofia hindu, o poder divino acessível a qualquer ser humano comum está adormecido em seu próprio corpo, com sua atividade retraída, enrolada pela serpente dormente que é o kundalini[12]. Quando é despertada a serpente do kundalini, o iogue pode experienciar a purificação do corpo e o poder divino.

Nitidamente, Smetak propõe que o executante, através da sua execução, faça vibrar a corda simpática (kundalini), interna ao tubo ressonador (antakarana), para atingir a divindade brahmica com a ressonância da cabaça superior.

Tomando a corda simpática como sendo o kundalini, metaforiza o princípio tântrico de que, através da recitação de fórmulas de encantamento saturadas com o poder da deusa em forma de som – o mantra –, juntamente com a meditação, a postura das mãos e dos dedos, a serpente será despertada. É interessante apontar que Smetak compõe uma música e a toca em sua Vina e esta música, não à toa, chama-se "Mantra". É um tema modal belíssimo tocado no espelho de violoncelo do instrumento, com a introdução da pequena harpa e concluindo a música com os sinos e o gongo. Desse modo, faz vibrar, intensamente, todo o instrumento, completando – na performance de tal música –, todo o jogo de significações que envolve o instrumento. Nessa música não encontramos o amorfismo que predominaria na sua obra posterior. Há, ainda, um forte traço de ligação com a tradição de uma raiz barroca.

Na Vina, ainda, estão contidos os embriões das futuras pesquisas de Smetak, ao mesmo tempo em que ela sintetiza seu percurso até ali. A utilização da caixa superior, cabeça-cabaça, traço referente aos instrumentos hindus, liga-a a outros instrumentos como os Choris e a Árvore. A chave de registro da alma foi, ainda, utilizada no Fidle, por exemplo. A corda de ressonância, outra influência hindu, associa-se ao pensamento do som gerador, que, por sua vez, levou à pesquisa dos instrumentos cinéticos quanto do pensamento microtonal. A harpa, saindo da lateral do tubo, associa-se às cítaras de mesa européias, ou zitar, instrumento tocado por seu pai. Essa influência é explorada, ainda, em instrumentos como: o

---

**11**  Op. cit., p. 51.
**12**  Idem, p. 401.

Peixe, a Constelação e Arani. O gongo, os sinos e, principalmente, a mangueira soprada no interior do tubo, refletem-se nos seus instrumentos de percussão. Nos tímpanos, por exemplo, utilizava essas mangueiras para alterar a pressão da pele do instrumento, modificando seu som. Como instrumento múltiplo, Smetak inaugura a idéia que viria a ser expandida na concepção dos instrumentos coletivos.

Seu aspecto plástico traduz-se na multiplicidade de fragmentos de diversos objetos em um sentido novo, traço marcante de toda a sua obra, do mesmo modo que a contemplação vertical ascendente e transcendente, no sentido triádico da transformação, superação e metástase.

Sendo assim, a Vina delimita, em si mesma, qualitativamente, a informação nela veiculada, estando associada ao seu objeto apenas por relações de similaridade. O que comunica, o faz de forma polissêmica, até mesmo pelo fato de situar-se, hibridamente, entre a escultura e o instrumento musical. Atua como informação estética acerca dos objetos e das idéias que busca representar e o faz não tendo semelhança significante com estes objetos, sendo unidade singular, dirigida aos seus objetos através de compulsão cega, não possibilitando uma mera redução ou adequação a algum código ou lei pré-estabelecida.

A sua leitura como símbolo se completa com a apreciação plástica, acústica e performática, simbolizando, assim, o conjunto da obra de Walter Smetak, na busca de uma arte que conjugasse em si, a filosofia, a música e as artes plásticas, em um sentido amplo, como veículo de transformação e transcendência do homem, de sua arte, de seu mundo.

# 8.
## Uma Possível Classificação

Acreditando ser o instrumento musical o ponto de partida da sua produção, levanta-se uma questão pertinente à necessidade da investigação de novos sons através da construção de novos instrumentos. Sobre este assunto, Artur Andrés Ribeiro analisa a produção de Marco Antônio Guimarães, discípulo de Walter Smetak, e conclui que o "impulso gerador do seu trabalho de construção de novos instrumentos origina-se a partir de um dos sete diferentes fatores básicos" abaixo listados:

- A descoberta e a pesquisa sonora de novos materiais;
- A pesquisa feita a partir de uma necessidade musical do compositor ou do grupo;
- A pesquisa feita a partir de um resultado sonoro pré-selecionado, mediante a observação de fenômenos físicos naturais;
- A pesquisa feita a partir do mecanismo básico de emissão sonora;
- A projeção de seu desenho ou planta;
- A pesquisa a partir da modificação ou releitura dos instrumentos tradicionais e de suas técnicas de performance;
- A pesquisa feita a partir da reciclagem de materiais do cotidiano[1].

---

**1** A. A. Ribeiro, Grupo Uakti, em *Estudos Avançados*, p. 249-272.

Nesse sentido, encontramos ressonância na obra de Smetak a cada um desses fatores:

- Pela descoberta da sonoridade da cabaça como caixa de ressonância dá-se toda a motivação da maioria dos instrumentos criados pelo autor;
- A criação do instrumento Bi-céfalo, por sugestão de Gilberto Gil, adequa-se ao segundo fator descrito por Ribeiro;
- A observação do resultado sonoro do violão tocado pelo vento fez originar um estudo e a preocupação do compositor em relação aos sons internos do instrumento, os sons contínuos e o som gerador;
- O desenvolvimento dos instrumentos cinéticos como a Ronda, alinha-se ao quarto fator apontado;
- Apesar de não encontrarmos na maior parte da produção de Smetak muitos indícios de uma projeção de um instrumento a partir de um desenho, temos o exemplo do estúdio/instrumento/laboratório Ovo, que é um projeto ainda não realizado;
- Os exemplos mais latentes de releitura de instrumentos tradicionais são: a Vina, o Fidle, o Gambus orientallis e o Violoncelo Cristal;
- Por fim, para ilustrar o último dos fatores, toda a pesquisa de Smetak acaba por utilizar-se da reciclagem de materiais do cotidiano, seja de maneira fragmentada, mesclando vários objetos em um contexto de ressignificação, seja aproveitando a própria sonoridade do objeto como unidade musical do instrumento.

O conjunto da obra instrumental desse suíço compreende uma enorme variedade de objetos musicais sob o ponto de vista da característica da produção do som. Em uma qualificação simples, poderíamos adequá-los à classificação proposta por Hornbostel e Sachs a partir da produção do som dos instrumentos musicais:

Idiofones – o som é produzido pelo próprio corpo do instrumento, feito de materiais elásticos naturalmente sonoros, sem estarem submetidos à tensão;
Membranofones – o som é produzido por uma membrana esticada;
Cordofones – o som é produzido por uma corda tensa;
Aerofones – o som é produzido pela vibração de uma massa de ar esticada no (ou pelo) instrumento[2].

Porém, se além dessas características nosso pressuposto for o de que seus trabalhos transitam entre duas polaridades já mencionadas, ou seja, de um lado o instrumento musical como um ponto de partida e, do outro, a escultura como um ponto de chegada, tendo a performance como a estrada que liga esses pólos,

---

**2** L. Henrique, *Instrumentos Musicais*, p. 23.

essa tipologia, embora precisa, não abarcaria questões relativas à totalidade do trabalho do artista, o que acabaria por restringir sua obra à produção sonora apenas, ignorando aspectos determinantes do conjunto.

Por outro lado, a multiplicidade destes objetos, como vimos na análise da Vina, demanda a necessidade de uma classificação mista, que abranja tanto as características da produção sonora quanto às ações performáticas, do mesmo modo que as relações das formas plásticas. Em *A Simbologia dos Instrumentos*, o próprio compositor lista seus instrumentos a partir de uma classificação mista que incorpora aspectos da produção sonora e a interação performática, considerando, ainda, a forma do objeto em sua função plástica. Optamos pela citação na íntegra desta, ainda que seja longa pois se trata de um inventário da produção do artista:

SOPROS

Diversas flautas block com material plástico, cano de água, marca Tigre.

- Bi-flauta;
- Flauta Selva Êmbolos;
- Flauta Borés;
- Flauta de Cabeça;
- Piston Cretino;
- Pistão Modular;
- Corno-chifre, sistema block com corda e arco;
- Borés de diversos tamanhos;
- Agolé (uma Plástica Sonora);
- Flauta interiorana (cana e cabaça);
- Flauta de Dois Sons;
- Pássaro Mamífero;
- Apitos Agudos e Apitos Gravíssimos;
- Flautas que Imitam Pássaros;
- Flautas Aculturadas.

PERCUTIDOS

- Violão Eólico;
- Violão da Crise;
- Violão de dois braços (Bicéfalo – com amplificação);
- Vina indiana contemporânea;

(Estes 4 instrumentos formam uma unidade)

- Constelação e Peixe: experiência de tangências geometrizadas;
- Vida, monocórdio com duas caixas de ressonância (I,II,III);
- Árvore (deste surgiu o ditado "A improvisação é irmã do imprevisto");
- Vau (Anjo de guarda-palavra);

- Disco voador;
- Mulher Faladora, movida pelo vento (sons percutidos);
- Ronda;
- Máquina do Silêncio;
- Barco;
- Sinos 1 ou antigo arani litúrgico;
- Sinos 2 ou antigo arani litúrgico;
- M2005;
- Três Sóis;
- Mimento;
- Mircur;
- Inca;
- Vidrofone (garrafas penduradas);
- Colóquio;
- Transplante;
- Duas cítaras (percutidas e a arco);
- Vir a Ser;
- Bandoneon;
- Baixo-mono (também a arco);
- Pêndulo Acústico – Quebra Galho – Chicote;
- Selvadura.

PERCUSSÃO
- 3 tímpanos grandes, funcionando a sopro e são flexíveis;
- 4 tímpanos menores do mesmo sistema;
- Aranha, ligado a um microfone captador de som;
- Quadratura Mágica;
- Bis-nadinha, produz um som tétrico;
- Imprevisto – som mudo;
- Potes de água (caixa subterrânea);
- Quaternário de tubos plásticos de diversos tamanhos, dentro de um tubo de isopor.

INSTRUMENTO A ARCO
- Andarilho;
- Mundo;
- Reta na Curva;
- 4 Choris populares em diversas afinações (quarteto);
- Chori pagode (porque a caixa superior acústica é "pagódica");
- 2 Choris de coco dentro de uma cabaça;
- 1 Chori de duas cordas (yang e yin): Bimono;
- 1 Chori tenor;

- 1 Chori duplo: Sol e Lua;
- Vina 1 a arco e cordas percutidas (4 pernas, com afinação de violão);
- Gambus Orientalis, com registro para duas tonalidades de som;
- Fidle – assimétrico, com registro para duas tonalidades;
- Violoncelo com arco gótico e romano: "Cristal";
- Ieaou;
- Beija Flor (colocado entre os dentes e usado o crânio como caixa acústica);
- Instrumentos simbólicos: 3 máscaras para indicar atmosfera: "Capta-Mente", "Anjo Soprador", "Guerreiro";
- Amém – S. Jorge Tibetano.

PLÁSTICAS SONORAS
- S.O.S. Situação;
- Andrógino;
- Frevo;
- Namorados Abstratos;
- Cravo da Bahia;
- Fecundação Cósmica;
- Olho Público;
- Metástase;
- Divisor.

PLÁSTICAS
- Interregno;
- Ax-ela;
- Zé Toca.

INSTRUMENTOS COLETIVOS
- A Grande Virgem (flauta de bambu para 22 pessoas: 11 homens e 11 mulheres. Daí o nome de WHOMAN);
- Pindorama;
- Sextante (recordação dos velhos navegantes, compreende um conjunto de 12 cordas percutidas, 14 flautas harmônicas, 14 borés e 20 chocalhos, assume a quantidade de 60 pessoas);
- Mister Play-back, corda percutida e borel. É também um instrumento de dança (destinado a diversas pessoas ou diversas funções);

Este último grupo traz uma nova compreensão: O RITUAL.

DIVERSOS
- O Bicho (eletrônico);
- Magnetos elétricos;
- Um piano com teclas arrancadas;
- Amplificadores, captadores de som;

- Duas metades de uma pequena cabaça, vendo-ouvindo, conexão na glândula pineal;
- Gravadores, daonde surgiu a idéia do "OVO". Este Ovo existe apenas em maquete. Um estúdio, em parte subterrâneo. Se ele existir um dia, tudo recomeçará de novo...;
- Ovinhos (2);
- Quadro "Espaço e Nuvens";
- Desenhos: +++ cruzes[3].

Esta classificação, feita pelo compositor, no entanto, apesar de tentar mesclar diferentes aspectos de seus objetos, é bastante confusa e restritiva. Cabe aqui salientar que, quando o autor da classificação refere-se a "instrumentos percutidos", trata dos instrumentos de cordas percutidas e, ainda, os de percussão com altura definida. Ora, os instrumentos de cordas, dentro de sua característica de produção sonora, podem ser tocados a arco ou, também, serem pinçados e percutidos sem que sua produção de som seja feita senão pela vibração da corda, sendo esta diferença de produção uma subclassificação dos instrumentos de cordas.

De igual maneira, ao restringir à categoria de Plástica Sonora apenas nove esculturas, Smetak deixa de lado todo o potencial de apreciação plástica do conjunto de sua obra, sendo que, mais à frente, quando descreve e analisa a Vina, o próprio compositor menciona ter esse instrumento aberto a possibilidade da escultura musical.

Ainda que a tentativa de uma classificação intermediária considerando os modos de produção do som, conforme apontam Hornbostel e Sachs[4], adicionando categorias ligadas à ação do intérprete em relação a essa produção, no nível da performance, possa constituir-se em uma qualificação válida no sentido de integrar a obra do compositor, neste trabalho procurarei apenas apontar as linhas de pesquisa que o compositor desenvolveu através da sua produção artesanal, pois acredito que para a compreensão da atitude criativa do artista, num sentido total de suas ações, o apontamento das diretrizes da investigação plástico sonora que estimulou o compositor se faz mais oportuno. Dessa maneira, considerarei, de modo amplo, o conjunto dessa sua produção artesanal sob a perspectiva da Plástica Sonora.

Em um texto de 27 de julho de 1983, fazendo uma reflexão autocrítica sobre sua carreira, Smetak aponta experiências determinantes da sua produção. A partir desse documento, bem como através da análise de sua biografia e de outros textos do autor, pude refazer parte de sua trajetória criativa, especialmente relacionada às criações e às construções das Plásticas Sonoras. Não se trata de uma cronologia de criação mas, sim, de apontar vertentes do seu trabalho que são descritas em seguida:

---

3 *A Simbologia dos Instrumentos*, p. 63.
4 L. Henrique, op. cit., p. 23

## Instrumentos de Inspiração no Primitivo, no Milenar em Busca do Novo

No primeiro momento, a vontade de contribuir com a música contemporânea levou Walter Smetak a experimentar novas fontes sonoras, tomando como referência a história do desenvolvimento dos instrumentos musicais, desde um passado remoto e remetente a outras culturas e civilizações, até o desenvolvimento dos instrumentos tradicionais ocidentais. Nesse período, encontra-se a grande parte de suas Plásticas Sonoras e instrumentos, acomodando os instrumentos de sopro de inspiração xavante, boréis, as releituras de instrumentos de outras culturas, como as Vinas indianas, ou mesmo, em uma leitura livre e imaginativa, como a Árvore, os instrumentos de percussão (os Tímpanos e Sinos) e os instrumentos de inspiração na luteria tradicional, como, por exemplo, o Fidle e o Gambus Orientalis e, ainda, a família dos Choris.

Aqui o embrião de sua obra toma forma e som. O potencial plástico e simbólico de sua pesquisa começa a escapar da fronteira das formas da luteria convencional para atingir, a partir dele, outras significações. No Fidle, por exemplo, subverte a simetria de uma rabeca ou de um violino convencional. Chega também a experiências de forma e som como no caso do Disco Voador, do Vir a Ser, do M2005 e do Reto na Curva.

Misturava, com seus neologismos, conceitos e culturas diversas, como, por exemplo, tomando a palavra Música na sua forma inversa, AK – IS – UM, e dizia revelar, assim, a consciência da palavra original:

> Dar prova concreta do abstrato compete à música, AK-ISUM, lido anagramaticamente. AK: abreviação de Akasha, o éter, o velho Pai Zeus dos gregos. IS: ou Isis: deusa da lua dos egípcios. E o terceiro componente, UM ou Alef: a primeira letra do alfabeto hebraico; dela emanam as diversidades contidas nos vinte e dois arcanos maiores, que tem a sua continuação nos cinqüenta e seis arcanos menores[5].

Do mesmo modo que Aleksandr Skriabin[6], ou mesmo Olivier Messiaen[7], ele associa o som às cores, só que o faz por influência da associação aos planetas, aos dias da semana, aos metais, às partes do corpo e às próprias cores, feita por Helena Blavátsky na "Doutrina Secreta", e às teorias cabalísticas em torno do número 7, defendidas por Henrique José de Souza. Ainda nessa mesma

---

5  *O Retorno ao Futuro*, p. 15.

6  Compositor russo (1872–1915), que possuía preocupações místicas que o levaram a propor a execução de sua obra *Prometeus,* com um piano de luzes que derramaria cores ligadas às notas durante a execução.

7  Compositor francês (1908–1992), que fazia corresponder cores aos sons, como em sua obra para orquestra *Chronochromie*.

Chori Sol e Lua

Pássaro Mamífero

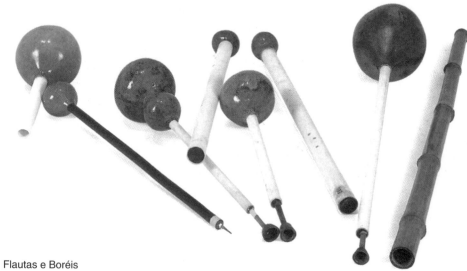

Flautas e Boréis

linha, faz associações de princípios espiritualistas da divisão do corpo com as cores, com as notas musicais, com números e estados da matéria.

O princípio Châya, sombra ou duplo astral, está associado à cor violeta, à nota si, ao número 7 e ao éter. Manas Superior, ou a inteligência espiritual, ligada ao anil, ao lá, ao número 6 e ao estado crítico, ar, em ocultismo. Corpo Áurico ao azul, à nota sol, número 5 e ao vapor. Manas Inferior, ou alma animal, ao verde, à nota fá, ao 4 e ao estado crítico. Buddhi, ou alma espiritual, ao amarelo, à nota mi, ao 3 e à água. Prâna, ou princípio vital, ao alaranjado, à nota ré, ao 2 e ao estado crítico, novamente. Kâma Rûpa, ou sede da vida animal, ao vermelho, à nota dó, ao número 1 e ao gelo[8].

Acreditando que som e luz possuem a mesma natureza, começou a utilizar as cores em seus objetos.

Destaque há que ser dado, também, para os instrumentos de sopro desenvolvidos pelo compositor, de inspiração em culturas diversas, como: as Flautas Aculturadas, feitas de pvc e construídas após um estudo sobre as flautas xavantes; a Bi-flauta, os Boréis, que, diferentemente dessas flautas, utilizam bocais como os de um trompete e reproduzem, segundo Smetak, os bramidos dos índios para a chamada da guerra[9]. Dessa busca de inspiração milenar, uma criação espontânea – antítese da busca da nobreza do som – surge com o nome de Piston Cretino, feito com uma mangueira plástica, com um bocal de piston numa ponta e um funil em outra, que compõe mais um objeto novo criado a partir de materiais prontos e de fragmentos de outros objetos.

Piston Cretino

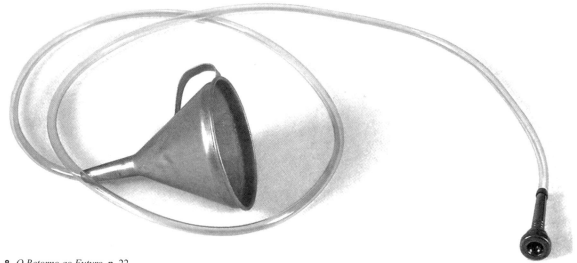

8  *O Retorno ao Futuro*, p. 22.
9  *A Simbologia dos Instrumentos*, p. 177.

Surgem, também, instrumentos múltiplos que desembocariam, mais à frente, na idéia do instrumento coletivo. A Plástica Sonora que melhor representaria esta fase de sua pesquisa é, na realidade, a que tomamos como sendo a síntese de todo o seu trabalho, o embrião de suas pesquisas, o multi-instrumento Vina de Itaparicanaã.

**Instrumentos Cinéticos**

Inayat Khan escreve que a Vida Absoluta, origem de tudo que é sentido, é o silêncio, imóvel e eterno – Zat. Seu movimento gera vibrações e essas acabam condensadas no mundo manifesto. No homem, a vibração começa com a atividade da consciência. O som tem nascimento, morte, sexo, forma, planeta, cor, divindade tutelar, infância, mocidade e velhice, mas o som que está na esfera do inaudível, além da esfera do concreto, é a fonte e a base de todos os sons[10].

A partir da idéia do som gerador, uma freqüência contínua, interna ao instrumento, que deveria ser atingida para efetuar-se a transformação – muito provavelmente derivada da concepção da ressonância simpática –, surgem os instrumentos cinéticos, tais como: a Ronda, os Três Sóis, Mulher Faladeira, Mimento e a Máquina do Silêncio. Nesses instrumentos, geralmente de cordas, o compositor evidencia sua preocupação com os sons contínuos. A rotatividade e a repetição do ciclo das notas passa uma sensação hipnótica e onírica de um realejo interminável.

A Ronda pode ser tomada como o grande exemplo desta sua pesquisa. O interessante, neste caso, é analisar a concepção do tempo e do movimento do artista. As unidades musicais (ritmo, melodia, harmonia) dependem de velocidade de rotação.

A Ronda, instrumento cinético com 22 cordas – certamente mais uma referência aos 22 arcanos maiores –, construído por Walter Smetak no ano de 1967, traduz a idéia do som gerador, contínuo, bem como a concepção de tempo e movimento do compositor.

O instrumento em questão, quando colocado na posição horizontal, lembra o símbolo ∞ que representa o infinito, na posição vertical, sua aparência é a de uma ampulheta. Nele encontramos características que o ligam a instrumentos tais como a viela, pela utilização de uma manivela e pela sonoridade contínua. De cada uma das cabaças apóia-se um disco de madeira de onde partem as cordas e a manivela. Na parte mais alta das cabaças encontram-se os cavaletes, cada qual em uma delas.

Mulher Faladeira tocada pelo vento

10  Comentário de Ari Moraes no artigo de Walter Smetak, Todo Azul Escrevo com Lápis Azul num Céu Azul, em *Revista da Escola de Música e Artes Cênicas da* UFBA.

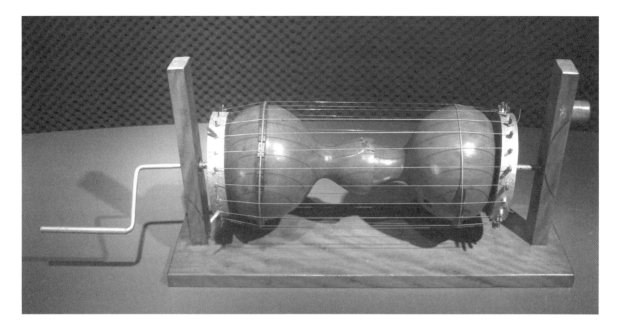

Ronda

Sua sonoridade contínua, com uma afinação aleatória das 22 cordas, bem como sua referência no que tange à forma, à ampulheta e ao infinito, delimita, neste objeto, uma idéia temporal musical que, mais tarde, Smetak, observando o próprio instrumento, concluiu:

> Quando ficou pronto, fiquei sabendo de coisas que antes não sabia. Vemos aqui mais ou menos a forma da ampulheta do tempo. Se isto já está ligado ao tempo, também deve estar ligado ao movimento e ao espaço, pois existe esta fórmula matemática que a ciência associou tantas vezes: movimento-tempo-espaço [...] Concluímos então que o ritmo, a melodia e a harmonia, dependem de velocidade de giro[11].

Esta fórmula descrita sob a forma de movimento-tempo-espaço estaria diretamente ligada ao despertar da consciência através do som já que, para Smetak, o movimento tornar-se-ia espaço e o espaço tornar-se-ia movimento dentro de um tempo, o da duração do som: "O SOM não representa consciência, mas pode despertar ela. Entretanto a consciência não necessita de espaço, nem de tempo e muito menos de movimentação, de forma ou de corpos"[12].

11 *A Simbologia dos Instrumentos*, p. 93-94.
12 *Ensaio para o Artesanato da Improvisação*, p. 11.

Essa crença o induz no sentido da improvisação através dessa fórmula. A improvisação funcionaria como um ritual obedecendo a estes cânones (movimento/tempo/espaço, ritmo/melodia/harmonia), para atingir um estado novo que dispensaria o processo de obtenção do mesmo. A Ronda era usada com um ou mais executantes, tocando-se atrás do cavalete, em cima ou à frente dela.

Em outros dos seus instrumentos cinéticos, excetuando-se a Máquina do Silêncio, não há o auxílio de manivela, devendo o impulso giratório ser feito no próprio corpo do instrumento. No caso do Três Sóis são três discos de madeira, superpostos e de tamanhos diferentes, rotativos e pintados de amarelo, azul, vermelho e branco. O instrumento possui cordas esticadas nas superfícies e uma moldura retangular, vazada e móvel, enquadra o conjunto de três discos, bem como um cilindro de isopor, que funciona como caixa acústica, e que se liga a esses discos. Quando os discos são girados pinças fixadas nas superfícies e na moldura, tocam simultaneamente as cordas do instrumento, ao mesmo tempo em que as cores se misturam durante o giro. Tanto a moldura como os discos giram em torno do mesmo eixo, possibilitando uma variedade de combinações de movimentos. Para Smetak, são três sóis que se entrelaçam,

Mimento

> O fulgor da luz, do sol, é uma conseqüência do sol escondido, não é o próprio sol. Ele é a roupagem psíquica de um outro sol escondido atrás dele. Este fenômeno pode ser observado ao meio-dia, olhando bem o sol, aparece um outro, de cor azul-escuro, que por sua vez está relacionado ao sol espiritual, que os antigos astrônomos situavam no interior da terra. Daí a luz boreal dos países nórdicos. Assim concluímos que a luz se faz no momento da desintegração. Antes porém, a escuridão e o silêncio dominam o espaço. Este por sua vez, não é um bom negócio a observar, porque é o caminho da ida, jamais da volta. Também a luz não volta da terra ao espaço. Trata-se então de três sóis que formam um sol só, cuja quarta parte é o fulgor do sol que nos atinge[13].

Tanto este instrumento quanto o Mimento, que mistura a roda, o disco, a um quadrado, que também pode ser girado, possuem um caráter de objetos de interatividade sonora, bem mais do que de instrumentos musicais. Smetak brinca ainda com a sociedade industrial, criando e denominando um objeto de Máquina

---

[13] Carta a César Lattes, 1980.

Três Sóis          Máquina do Silêncio

do Silêncio. Seria a contrapartida aos Intonarumoris de Luigi Russolo, que eram máquinas de produção de ruídos, mas Smetak pontua que tanto o silêncio como a ausência de som nem sempre são aplicáveis nas situações interiores de estados psíquicos: "Movimentos mecânicos ilustram diversos atritos eletronicamente amplificados, como podem ser ouvidos interiormente os elétrons em volta do seu núcleo: o átomo permanente"[14].

Embora o compositor trabalhe quase sempre com símbolos prontos, normalmente conceitos de outras culturas e religiões, um traço recorrente em sua obra é um certo deslumbre com a ciência, na perspectiva muito clara de junção com a arte e a religião. No entanto, ele toma a ciência como símbolo pronto e associa-a a conceitos da Eubiose, sempre repetindo a idéia de uma transformação pela experiência sonora. Talvez por isso, aceitou a alcunha de o "alquimista dos sons", nome, inclusive, dado a um documentário sobre ele.

[14] *A Simbologia dos Instrumentos*, p. 167.

**Instrumentos Coletivos**

Surgem instrumentos nos quais suas possibilidades sonoras só são alcançadas quando são tocados por diversas pessoas. Nesse sentido, o Pindorama, assim como a Grande Virgem, o Sextante e o Mister Play-Back, são instrumentos coletivos que obrigam os executantes a buscarem uma correspondência, diálogo e sintonia muito grandes. Esta idéia do coletivo tomado em um só instrumento encontra ressonância na própria improvisação proposta por Smetak em *Ensaio para uma Improvisação Artesanal*, em que sugere que, na improvisação coletiva, os integrantes devem comportar-se como se o todo fosse um instrumento só.

O Pindorama possui dois metros e vinte de altura percorridos por um eixo vertical de bambu. Neste eixo destaca-se uma cabaça central de onde partem seis pequenos eixos em seis direções distintas. Smetak faz uma alusão ao sextante, instrumento de localização utilizado por navegantes, anterior ao uso da bússola. Em cada extremidade desses eixos há uma cabaça e dela partem três mangueiras com um apito na ponta. As direções apontadas, conforme sugere o compositor, são: "Norte, Sul, Leste, Oeste, Nadir e Zênite". Ele completa sua descrição explanando sobre as outras possibilidades do objeto:

> Uma corda, em volta horizontal e vertical, dá a possibilidade do contraste sonoro entre uma série de flautas harmônicas, uma série de chocalhos. O seu aspecto exterior monstruoso, de uma ameba em constante divisão e desdobramento, dá a possibilidade de 60 pessoas se ativarem musicalmente[15].

A possibilidade do instrumento múltiplo já havia sido utilizada na Vina, e desse embrião surgiu a possibilidade de não só multiplicarem-se as possibilidades instrumentais mas também de estender a interatividade

Pindorama

[15] Idem, p. 180.

do objeto múltiplo a um número maior de pessoas. Se a Vina não comportava muitas pessoas tocando-a ao mesmo tempo, o Pindorama, até pelas suas proporções, para sair de uma condição inercial de silêncio precisa de um número grande de executantes à sua volta. O sentido da improvisação coletiva reúne-se em um único objeto, "um por todos e todos e todos por um", parafraseia Smetak. Sua idéia da criação, passando do individual para o coletivo a partir da improvisação, se expressa do seguinte modo:

cada árvore é diferente da outra, embora que a sua árvore é da espécie pertencendo à floresta [...].

Isto pode ser chamado a solidão do improvisador, ou a solidão da multidão. As pessoas que tomam parte neste conjunto devem está (sic) bem alertas neste "minutos" para se encaixar devidamente em trabalhos desindividualizados e com egos subdivididos nesta unidade muito complexa. Porque efetuam o trabalho a construir uma obra no espaço mental temporariamente[16].

Nestes instrumentos não encontramos recursos que impliquem em um virtuosismo técnico do executante; são objetos de poucas possibilidades sonoras, o que aumenta a necessidade de interação do grupo para se alcançar o sentido da unidade. Na Grande Virgem, uma flauta coletiva que mistura elementos das flautas sagradas dos índios brasileiros, onze homens de um lado e onze mulheres de outro tocam o tubo de seis metros de bambu, com 22 gomos em que cada um produz apenas uma nota ou seus harmônicos. A possibilidade da criação depende do jogo entre estes 22 participantes.

Usamos um bambu de 6 metros de comprimento e furamos cada repartição de um nó para o outro nó. Tem surgido uma escala em microtons, embora fora de afinação temperada naturalmente, a sua afinação desafinada era correta. Revelava a idéia do bambu. Esta afinação cobria o bambu. A pequena multidão que soprava tornou-se idêntica ao bosque onde ela foi cortada. Havia luz e sombra. Uma grande alegria se espalhava. Isto bastava. Tivemos a grande surpresa de um órgão natural[17].

É importante salientar que essa interação pretendida não queria dizer, para o compositor suíço, ordenação; para ele, a ordem podia estar na desordem já que o caos era o pré-estado do cosmo e pertenceria a uma ordem a qual o homem não conseguiria conceber. Ele classificava os humanos como pretensos organizadores do caos, os que suprimem a selva para "organizar" as cidades. Nesse sentido, a interação musical na não-afinação seria o aprendizado do caos, viver na ordem contida na desordem.

---

**16** *Ensaio para o Artesanato da Improvisação*, p. 11.
**17** *Diversos Koncretas*, p. 127.

## Os Microtons

O espírito artístico-científico de Smetak, com o propósito mediador da transformação da pessoa-instrumento, volta-se para o universo microtonal após formular a tríade movimento-tempo-espaço na direção de multissons nos instrumentos cinéticos. O som e a vida se escondem nos objetos, "instrumentos em estado de repouso. Apareceu a continuidade do som e com ela a continuidade da imagem do objeto em questão". Smetak afirma isso se referindo à descoberta dos sons internos da caixa acústica de um violão recém envernizado, pendurado num varal e tocado pelo vento, em uma audição espontânea. Surgiu nele, então, a idéia da sonorização do interior do instrumento acústico. Gravou esse fenômeno e o incluiu em *Smetak*. Sua idéia de microtonal encontrou uma influência marcante no contato com o pensamento de Juan Carrillo.

> Conforme Carrillo, a afinação temperada é falsa, a afinação reconstruída das séries harmônicas é falsa também, só existe a afinação natural que é simétrica e não é feita por subdivisões de metades [...]. O Juan Carrillo – que chamarei futuramente pelas siglas J.C., uma espécie de Jesus Cristo (!) da música – me leva da afinação temperada, o nosso calvário, para a afinação natural, que significa a libertação de uma escravidão de séculos[18].

Smetak toma contato com a obra *Sonido 13*, de Juan Carrillo, em 1980 e, antes desse contato, interessa-se mais pelo efeito microscópico desta viagem pelo interior do intervalo musical do que na divisão e sistematização da escala microtonal. Afirma que "no sistema microtonal não há o critério da afinação"[19].

Após a descoberta da obra do mexicano Carrillo, passa a preocupar-se com esta sistematização. Para ele:

> A escala tonal, afinada e temperada representa uma síntese de trilhões de sons expandidos num universo de tamanho enorme e é reduzido num espaço mínimo, no qual o grande é pequeno, sendo uma diversidade do TODO UNO (o ovo: embaixo abrange, em cima alcança)[20].

Esse universo sonoro sintetizado pela escala tonal continha, em cada um dos seus símbolos, as sete notas, a diversidade ocultada. E dessas sete notas saíram "os 12, os 36, os 7 x 7 = 49 + 3 (52) para dar novamente o algarismo 7, e daí tudo se multiplica vertiginosamente"[21].

---

**18** *O Retorno ao Futuro*, p. 46.
**19** *A Arte Transcendental da Improvisação*, p. 7.
**20** Idem, p. 12.
**21** Idem, p. 6.

A partir desse pensamento em torno do número sete, o compositor, em 1982, em Berlim, constrói sete monocórdios e uma oitava de microtons, com 49 notas por oitava.

Se pensarmos no todo da investigação microtonal de Smetak, vemos que esta aponta para três caminhos:

Primeiro, a busca dos sons interiores do instrumento musical, com a idéia do som gerador, que vem de dentro da caixa de ressonância deste instrumento em repouso. Aqui, embora a motivação seja a mesma do instrumento cinético, ou seja, o som gerador, Smetak parte não para a simbolização dele na energia mecânica do movimento, mas, sim, na escuta e pesquisa interna do instrumento. Este caminho desembocaria, mais adiante, no projeto do mencionado laboratório/instrumento denominado OVO. Sobre isso, diz ele em carta ao físico César Lattes,

aceitando uma relação ou relatividade, resolvi prender o som numa forma ovóide de concreto, aonde ele se transporta em espirais e efetua sobre si mesmo uma densa radioatividade, ou correntes magnéticas, obrigando a luz a usar o veículo do som; e observar o que pode acontecer na transformação de, digamos, faixas de escalas microtonizadas, total ou parcialmente. Que influência terá isso sobre a vida?

O projeto do Ovo consistia na construção de um estúdio de gravação que, em princípio, contemplasse o que Smetak dizia serem os três tipos de estúdio de gravação:

O primeiro, normal, em que as condições acústicas são normais, isto é, fiel à reprodução do SOM. O segundo, a câmara surda. Neste caso, as paredes estão protegidas com quebraondas, tornando a audição surda. O terceiro, de reverberação artificial e positiva, cria-se condições extraordinárias com o princípio de dar a maior continuidade do som[22].

Esse estúdio, como foi dito anteriormente, teria a forma de um ovo com um tamanho de 22 metros de altura. Smetak pretendia "aprisionar" o som dentro dele reproduzindo a idéia do som no interior de um instrumento musical. A energia gerada no interior do ovo, produzida pelos sons audíveis e inaudíveis, acusticamente, irradiaria, ao mesmo tempo em que seria passível e suscetível de irradiação externa em forma de luz:

Os acontecimentos acústicos, no interior de um instrumento, compostos de fenômenos inaudíveis por fora, tomam substância geral junto aos acontecimentos externos, e sua ação se acentua mais ainda na sala aonde se encontra o público. Há uma grande diferença nisto: o som não pode

---

**22** *Projeto de Pesquisa*, manuscrito.

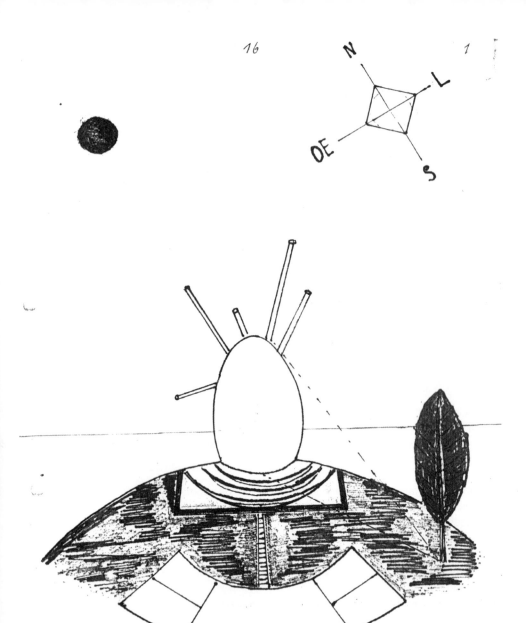

Projeto Ovo

sair do seu receptáculo, está preso, mas a radiação pode eventualmente penetrar por de 'fora', desenvolvendo uma energia produzida por 2 elementos complementares: luz e som[23].

A forma oval representa, para ele, a reutilização de formas de expressão cósmica, assim como a da concepção de vida interior que se exterioriza. O Ovo repousaria sobre uma imensa espiral que serviria de acesso ao laboratório. Essa espiral estaria rodeada de um quadrado que, por indicação do próprio criador, ficaria localizada sobre uma colina verde. Interiormente, o Ovo teria três partes, sendo: a superior (cúpula) de onde, segundo o projeto, o som retorna; uma parte intermediária, onde seria fabricado o som; e a parte inferior coberta de água, onde seria guardado o som criado. O nível da água poderia ser alterado influenciando, também, na posição do estrado da parte intermediária e alterando o volume e a pressão dentro do Ovo.

Haveria, ainda, nas paredes internas, múltiplas cordas simpáticas que poderiam ser ligadas ou desligadas. Vários microfones (sem chegar a especificar quantos e de quais tipos) captariam o som nos diversos níveis de água e serviriam, segundo Smetak, para que

Todos os intervalos possíveis sejam minuciosamente estudados e analisados para dar o painel de percepção das evoluções, revoluções e involuções do SOM. Evidentemente, eles futuramente serão usados na composição, digamos, com efeito de coagular-se ou dissolver-se. Estes produtos seriam projetados novamente no ressuscitador acústico que é o Ovo e usado infinitamente por outra vezes[24].

Abaixo do nível da água, Smetak concebeu uma hélice que giraria nos dois sentidos e em diversas velocidades para que, com isso, pudesse fazer um estudo sobre a atuação das forças centrípetas e centrífugas no som, observando se elas desdobrariam, no som, a série harmônica, a série resultante e a simpática.

Além dessas atribuições internas, o Ovo, externamente, teria a função de ser um captador de ruídos da atmosfera ao redor. Para isso projetou, também, a colocação de tubos internos que alcançassem o exterior. Seriam, para ele, os ouvidos e, o Ovo, nesse caso, seria uma concha. Smetak sugere ainda que, no interior dele, seriam utilizados quaisquer tipos de instrumental musical.

Se a Vina é considerada como síntese de seu processo criativo, este projeto ambicioso é a extrapolação de seu pensamento de investigação musical. Da audição espontânea do interior da caixa acústica de um violão, Smetak partiu para o conceito da Harpa Eólia, dela para o Som Gerador e para o projeto do Ovo na sua concepção interior e o exterior.

---

**23** Carta a César Lattes, 1980.
**24** *Projeto de Pesquisa.*

Seu encantamento com o interior do som da caixa acústica o direcionou para esses microtons, divisão da escala musical em intervalos menores que o semitom. Encontrou no violão uma possibilidade barata de divulgação dessa idéia. No caso dos violões, num grupo de seis instrumentos no total, trocava-lhes a afinação, colocando em cada violão seis cordas iguais. Cada violão representaria uma corda do instrumento (E, A, D, G, B, E). Um violão com as seis cordas E grave, outro com as seis cordas A, outro D, outro G, outro B, outro E aguda. A afinação entre a primeira e a última corda de cada instrumento era de um semitom e o objetivo era que os seis instrumentos tocassem como se fossem um. Mais uma vez realça sua idéia de criação coletiva a partir da improvisação. Neste caso, o grupo com os seis violões era um grande instrumento coletivo, desmembrado nos seus aspectos individuais.

Nos violões aonde aparece claramente a organização dos microtons, que tomam uma parte do sistema há, porém, um grande defeito sonoro: a falta de continuidade do som.

No violão composto de 6 cordas, uma das afinações explora com meio tom, 5 microtons. A nossa escala temperada (que continua existindo entre os microtons) se amplia, de 86 para 430 tons, material ainda razoável para ser decorado e controlado.

Nos instrumentos de cordas, teremos um número menor de tons, porque com eles se trabalharia com terceiros tons.

A afinação nos violões, procede da seguinte maneira:

Há um intervalo de meio tom entre a primeira e a sexta corda.

Cada violão possui uma corda seis vezes representada; seriam então 36 cordas que representam um violão.

As cordas são afinadas em série sextupla, e cada violão está equipado com seis primeiras, seis segundas, seis terceiras, seis quartas, seis quintas e seis sextas.

Nesta afinação surgem então diversas escalas:

Uma tonal, uma segunda escala de meio tom e microtom, tocando com os dedos e passando, imediatamente, de uma corda para outra; depois os verdadeiros microtons, quando o dedo forma pestana e, finalmente, a inversão dos intervalos: fixando a nota com o terceiro dedo, faz um pizzicato com a mão direita e com a esquerda usa-se o primeiro dedo junto com o polegar da mão direita, para produzir dois sons simultaneamente[25].

Em *Interregno*, verifica-se a sonoridade pretendida pelo seu conjunto de microtons, principalmente nas faixas "Espelhos" e "Trifase". Nessas peças, ele confronta e contrasta a sonoridade microtonal dos violões com uma ordenação temperada do órgão Yamaha que, para Smetak, garantiria a prolongação do som.

A terceira vertente na pesquisa microtonal, na realidade, se dá num sentido de conscientização do indivíduo acerca do microtonalismo. Ela associa-se às

---

**25** Idem.

suas idéias apocalípticas de uma transformação mundial próxima, fim de ciclo, em que novas faculdades deverão ser despertadas. Observamos claramente isso no poema "Microtonização":

> Microtoniza-te, para nunca mais se exaltar com as harmonias pitagóricas. Onde estava o grande carrossel celeste está agora a mortalha. As feras apocalípticas rangem as dentaduras; O filho de Deus vem por aí. Ele tem por nome: Kilato. Ou Quilato: mas melhor Kilato mesmo. Porque nenhuma novidade vossa pude destruir à arcáica ordem do Nosso Senhor do Bonfim.
>
> Tomei o xarope antiemocional. Desintoxica-te. Dissolve os seus tártaros. Purgei-vos em vida. E não no purgatório dos cafundós. Ficam por lá mesmo. Não escutei a fala dos falsos profetas que querem vos seduzir os abismos. Sejam despertos e alertos.
>
> Quilato vem já já, trazendo consigo uma nova ordem em medidas estratosféricas. Ele falará para os únicos sobreviventes da sua corte que sois vós. Talvez no dia breve em que o Sol e a Lua se encontrarão para uma união similar dos tempos em cujas vésperas foram escritas estas palavras com o sangue do dragão que vinha se arrastando dos ocultos abismos dos vossos mundos.
>
> Preparam-se para não acontecer que tombeis mortos das paredes como lagartixas. Enxerga-te a si mesmo, como se fosse através de outros olhos.
>
> Oxalá, Oxalá, Oxalá, Kilato-Oxalá. Microtoniza-te[26].

Para Smetak, o som entendido como a síntese do Todo e a parte criadora da vida deveria despertar as consciências, irradiando-se do interior para o exterior. Nesse caso, o sentido do microtonizar é buscar o próprio interior através do interior do som. No entanto, essa internalização ocorreria com a escuta de uma nova música aliada à percepção da luz:

> Verificamos que o Som (o verbo) sempre é a parte criadora da vida. O SOM, a música, pode existir independentemente de qualquer outra coisa, como se fosse a síntese do Todo [...]. Um dos deveres da pesquisa seria, primeiro, de devolver o som ao campo de primeira pureza, onde ele é absolutamente autônomo e autosuficiente, formando a sua linguagem própria e sem interferências.
>
> Em segundo lugar, usá-lo de maneira a provocar uma segunda criação que seja idêntica, ou não idêntica, digamos, paralela a ele; a criação espontânea, aonde o artista em certo "relaxo" das faculdades da inteligência, molde uma segunda obra seguindo a "inspiração" do SOM. O SOM aparece aqui como barro moldável[27].

De uma maneira geral, nesse campo de pesquisa em torno da microtonalidade, Smetak tem, claramente, como princípio e objetivo, a idéia do Som gerador, que conduz, também, sua busca de prolongamento dos sons na pesquisa

---

**26** Texto sem data, mas que provavelmente é de 1974. As incorreções ortográficas e gramaticais conferem com a escrita original do compositor.

**27** *Projeto de Pesquisa.*

dos instrumentos cinéticos. No caso do microtom, embora tenha desenvolvido e, de certa forma, sistematizado escalas com divisões de 36 e 49 sons, a microtonalidade parece estar muito mais associada à idéia do átomo, à atomização, à microtonização como busca de uma mínima partícula constituinte do todo sonoro e capaz de irradiar energia como numa fusão atômica. No pensamento do suíço, as artes e as ciências poderiam servir a essas experiências revelando, num processo de edificação alquímica, inclusive, as naturezas exterior e interior que ele julgava oculta.

### Plásticas Sonoras Silenciosas

O percurso criativo de Smetak, que partiu do instrumento musical para a escultura, alcança aqui, embora não cronologicamente, seu último estágio. Digo não de forma cronológica pois, historicamente, esses não são seus últimos objetos produzidos. Ao longo de todo o seu percurso criativo, alguns objetos atingiram a peculiaridade de serem, simplesmente, formas plásticas, porém, em uma reflexão sobre o período da sua produção, Smetak refere-se a algumas dessas esculturas como provenientes de um processo em que o som expressava-se simplesmente pela forma:

> Atingem os últimos trabalhos formas silenciosas da Plástica Sonora, nas quais o espectador pode se libertar de todo quanto possível ao que ele se prende ainda, para criar seu 'status quo'. Assim, terminaria o preconceito do estado ditatório da moda de uma época para a liberdade absoluta e responsável pelo pensamento artístico. E a civilização deixará uma Obra, uma Cultura na face da Terra[28].

Smetak fala, ainda, que o homem deve ser reeducado para poder ver, em formas concretas que agem nas três dimensões, uma quarta dimensão que seria o som. Chega, assim, às Plásticas Sonoras silenciosas. Smetak dizia ainda "Tanto o espaço exterior como o espaço interior de uma escultura (instrumento) expressa SOM"[29].

No momento em que reflete sobre isto, parte do instrumento tradicional adentra no seu interior, descobrindo os mistérios do som em um foco microscópico. Expande e explode a forma para, depois, nesse estágio, voltar à tona, revelando não mais a forma do instrumento mas, sim, a do som. A interatividade é subjetiva e cada um, com a sua experiência, interioriza a própria música. Ouvir e ver o som, através de uma experiência silenciosa.

---

**28** *Ante Projeto Projeção: O Som da Música Não Programado por Meios Naturais*, p. 12.
**29** Idem, p. 13.

O grande exemplo destas Plásticas Sonoras silenciosas é a Metástase, obra que se refere, diretamente, aos princípios da Eubiose. Com aproximadamente 2,50 metros, um vergalhão de ferro parte de uma pedra, verticalmente, iniciando um percurso em direção à Metástase. É tomado pela cor vermelha de onde sai uma lua e uma espiral cônica num sentido crescente até atingir o azul.

Estas três etapas cumpridas na aplicação da espiral transformação, superação e metástase – simbolizam, o que é para Henrique José de Souza, a evolução transcendental.

A primeira espiral indica ser a do crescimento físico até o rompimento da vida em um mergulho nas profundidades do não-ser, em uma nova forma de existência. Imagina o percurso do átomo vindo do reino mineral a pedra. Conscientizando-se no vermelho em direção à primeira espiral, sobe como chama sagrada até que se apaga na morte para despertar num mergulho ao subconsciente, levantando-se sob a influência da lua que parte antes da primeira espiral. Esta primeira fase seria, segundo o autor, mais dedicada ao crescimento físico e intelectual e ao desenvolvimento da razão. Lança-se, vertiginosamente, à espiral do som, a voluta do violino, de cor azul. "Aprofundar-se, recolher-se interiormente, separar-se, temporariamente, para novamente se dilatar na massa cósmica. Reviver as experiências do amor em todas suas manifestações"[30].

Smetak coloca esta fase como sendo a da preparação da evolução espiritual, para chegar-se ao último estágio, à cor amarela, em que o átomo funde-se com os outros átomos na formação de um Deus único. Mais uma vez, o compositor refere-se à fórmula triádica de movimento-tempo-espaço. Desta vez, a solidão inicial do átomo é representada pelo ritmo que, ao atingir a próxima fase, mistura-se a outras unidades formando a melodia que, na transcendência, funde-se a elas formando a harmonia. Esta recorrência, desta vez, não é impulsionada pelo giro de uma manivela; as próprias espirais impulsionam o movimento, em um sentido ascendente, como encontramos em outra obra do compositor, a Caossonância que, como mencionado anteriormente, foi exposta durante a XIV Bienal Internacional de São Paulo.

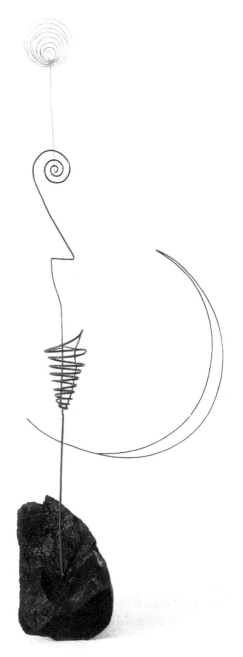

Metástase

[30] *A Simbologia dos Instrumentos*, p. 151.

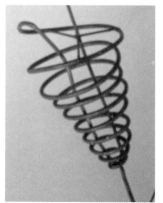

Metástase (espiral vermelha)

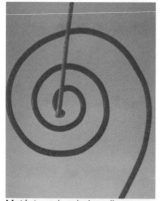

Metástase (espiral azul)

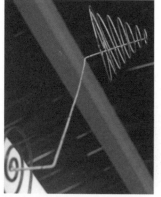

Metástase (espiral amarela)

A Caossonância poderia não ser apenas uma plástica sonora silenciosa, pois como foi projetada como uma grande flauta de bambu, com furos nos gomos, para ficar do lado de fora do prédio da Bienal seria, assim, tocada pelo vento, como os órgãos eólicos encontrados em rituais funerários em algumas ilhas do Pacífico[31]. No entanto, a intenção desta plástica sonora é a representação de uma flauta tocada pelo vento do Sol, com os sons simbolizados pela espiral de arame e frações de visões internas exteriorizadas pelas cabaças dispostas ao longo da espiral. Essa obra está associada a um conto dos índios xavantes que, segundo Smetak, dizia: "Se uma mulher vir as flautas sagradas, se montará uma situação caótica, o céu, a terra e o mundo subterrâneo se unirão, fim do tempo humano, restabelecendo o caos do passado, sem limites no tempo, nem entre os mundos"[32].

Além desse percurso em fases de criação do sentido plástico e musical de sua obra, cabe, ainda, mencionar outras incursões do trabalho do compositor, ou seja, a significativa e extensa produção escrita. Smetak ainda escreveu dois artigos sobre a improvisação, refletindo suas experiências na prática de criação em grupo.

**31** G. Dournon, *Guide pour la collecte des instruments de musique traditionnels*, p. 38.
**32** Fragmento de texto intitulado Legenda da Caossonância, encontrado no acervo.

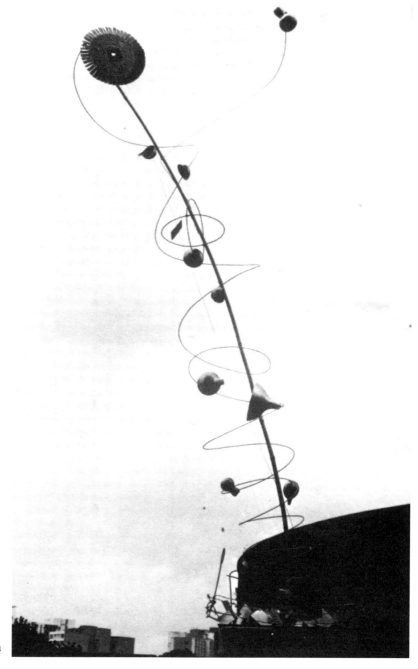

Caossonância

# 9.
# Diálogo com a Improvisação Smetakiana

> Improvisar é criar no instante e livremente,
> [...], como no ato do ilusionista
>
> Jorge de Lima Barreto[1]

Durante os anos de pesquisa e escritura do trabalho sobre Smetak, tive a oportunidade de me surpreender, algumas vezes, com as descobertas ao longo da jornada. A primeira grande descoberta foi, sem sombra de dúvida, quando me deparei com suas Plásticas Sonoras pela primeira vez. Não as tinha visto, apenas lido sobre, o que provocou em mim uma séria de sonhos e projeções acerca da forma. A internet engatinhava e pouquíssimas publicações dispunham de imagens do seu instrumental. Vê-las abriu as portas de um trabalho quase artesanal em busca do som e de sua relação com a forma plástica e com o espaço ao redor de um modo geral.

Por essa época, iniciei meus primeiros trabalhos de construção de instrumentos. Passava os dias desenhando formas que sintetizassem um som imaginário, pois estava interessado e instigado pelos instrumentos cinéticos de Smetak, em especial a Ronda. A idéia de um som contínuo, mas que utilizasse a energia humana e não elétrica, parecia-me a abertura de um portal performático, um moto quase contínuo, que dependia do giro do intérprete.

Nessa época também realizei uma composição ambiental. Tratava-se de uma peça para seis pianos alojados no prédio do Instituto de Artes da Unicamp – IA, onde eu concluía minha graduação em composição musical.

---

1 http://jazzearredores.blogspot.com/2005/11/nova-musica-improvisada.html

Freqüentemente ouvia as reclamações de que as salas de aula haviam sido mal projetadas, acusticamente, e que os sons vazavam, criando uma cacofonia para quem passava. A mim essa cacofonia interessava e, ainda mais, porque, de fora do prédio, uma varanda ficava circundada pelas paredes e janelas das salas e delas saíam os estudos pianísticos compondo uma estereofonia interessante. Considerei o prédio como uma caixa de ressonância e, no seu interior, os instrumentos produziam o som gerador. Organizei essas idéias musicais e compus uma peça para os tais seis pianos, seis cronômetros e o prédio do IA; o público ficaria cercado nessa varanda externa pelos sons da composição.

Após essa experiência, a intervenção musical pública passou a me interessar na mesma medida em que a construção de instrumentos de inspiração smetakiana me conduzia para um estudo mais aprofundado da obra do suíço. Ingressei no mestrado e posso dizer que outras grandes descobertas nesse percurso foram os textos sobre improvisação de Smetak, assim como o contato com a música improvisada de um modo geral e a possibilidade de participar de uma experiência coletiva de improvisação, que se deu no encontro com outros dois músicos de interesse comum ao meu. Em maio de 1999 montei, juntamente com Eduardo Néspoli e Marcelo Bomfim, o grupo de improvisação e intervenção sonora STRACS de HARAMPÁLAGA, no qual construíamos instrumentos e esculturas musicais e trabalhávamos com a intervenção sonora e cênica do espaço público. Realizamos uma série de intervenções, ensaios, construções, criações, toda ela ligada a um propósito de "ativismo poético" – invasões poéticas de espaços públicos , criação livre e coletiva a partir das improvisações.

Dessas intervenções, a mais significativa foi quando intervimos numa escultura que se encontra na praça do Ciclo Básico da Unicamp. Trata-se da escultura "Eixo Paralelo ao da Rotação da Terra", do escultor Marco do Valle. Levamos para lá nossos instrumentos criados – pela característica do trabalho, havia a predominância do uso de metal, barris de combustível com cordas esticadas, tambores feitos com tubos de PVC, peças de metal penduradas para serem percutidas etc , os dispusemos como totens em um movimento ritual e transformamos a escultura do artista em um instrumento musical. Repeti essa experiência com Eduardo Néspoli algumas outras vezes, incluindo a participação do público presente que era preparado, convidado a se integrar à performance, tomando, posteriormente, conta da "obra" efêmera .

Esse trabalho como grupo terminou em 2001, mas continua o trabalho de improvisação coletiva a partir de Plásticas Sonoras e instrumentos inusitados criados com Marcelo Bomfim e, posteriormente, com Nélson Pinton, formando o Coletivo Sŏnax, em que incluímos a manipulação eletrônica em tempo real (*live eletronics*) dos sons extraídos dos objetos tocados.

Essa digressão tem o objetivo de iniciar um pretenso diálogo com a improvisação smetakiana, partindo dessas minhas experiências de escuta, ensaios e construções de improvisação a partir de instrumentos não-convencionais e de esculturas sonoras.

A música improvisada, tanto na concepção da criação individual quanto na coletiva, lida com estruturas ordenadas ao mesmo tempo em que está aberta para processos imediatistas e efêmeros. O resultado é um quase devir musical, com aspectos expressivos e comunicacionais não-verbais na relação intérprete-criador, instrumento ou instrumental diverso e público, proporcionando a este outras oportunidades de percepção e recepção, diferentes da escuta massificada.

Koellreutter dizia que improvisar é coisa "séria"[2] e de finalidade não só musical, mas também humana. Desenvolveu jogos de improvisação tomando-os como fundamentais ao processo educacional.

Do ponto de vista estético, tanto nos territórios da música autoproclamada erudita como nas correntes ligadas ao jazz de vanguarda, a música improvisada coletiva caminha não para um experimentalismo vazio, mas para o desenvolvimento de uma expressão efêmera que se fortalece na relação musical do grupo através dos ensaios, na estruturação de uma forma aberta que se complementa formalmente no instante da performance, reorganizando os fragmentos e passagens musicais executados, às vezes, em outra ordem durante esses ensaios.

Paralelamente ao apogeu de um controle formal da composição musical ocorrido no início da década de 1950, com as publicações de Boulez e Stockhausen (*Structures* e *Kreuzspiel*), uma forte tendência vinda, principalmente, do pensamento libertário-oriental de John Cage, passou a influenciar e modificar o paradigma composicional do século XX. Ao invés do compositor semideus, controlador dos eventos de sua obra, Cage renunciava ao ego-criador, propunha o acaso, a aleatoriedade e a inclusão despretensiosa dos sons de fora da sala de concerto.

Christian Wolff (1934), compositor próximo ao grupo de Cage, experimentou, em suas primeiras obras aleatórias, a interação e comunicação entre os executantes de sua composição; para ele, esse gesto ia em direção à dignidade e liberdade do intérprete, dando oportunidade a ele, músico, e mesmo ao compositor, a possibilidade de se surpreender com a performance e com o próprio resultado da música de maneira diferente a cada execução.

Hoje, esse princípio descentralizador da criação musical, seja na música aleatória, experimental ou mesmo no jazz moderno, pensando especificamente no free-jazz e na chamada música improvisada, está, certamente, ligado aos princípios de liberdade individual no sentido e de busca de um coletivismo, suprimido pelo neoliberalismo que defende o primado do indivíduo, recorrendo à projeção do protagonismo individual na busca do sucesso.

---

**2** Cf. T. A. de Brito, *Koellreutter Educador.*

Não deixa de ser interessante que, mesmo na década de 1960, esse princípio da liberdade individual desemboca não no individualismo, mas, sim, na coletividade como propósito criador dos artistas envolvidos nessa busca. Voltando a Cage, este salientava a necessidade de destruição da hierarquia existente entre compositores, executantes e espectadores.

Cage acentua que, no caso de grande parte da música popular e de algumas músicas orientais, as distinções entre compositores e executantes nunca foram claras. A partitura não se interpõe entre o músico e a música. As pessoas simplesmente se reúnem e fazem som. Improvisação. Que pode ocorrer dentro das limitações da raga e do tala hindus ou livremente, num espaço de tempo, como os sons do contexto, no campo e na cidade. E assim como o ritmo a-periódico pode incluir o ritmo periódico, as improvisações livres podem incluir as estritas, e podem até mesmo incluir composições[3].

A violinista, violista e improvisadora La Donna Smith vai além desse pensamento des-hierarquizante e acredita que, por meio da educação, chegaremos ao cenário ideal para sermos todos praticantes e ouvintes:

A prática musical pode ser extensiva a todas as pessoas, encorajando a sua participação numa escala global de forma recreativa, a exemplo de certos desportos que se tornaram passatempos nacionais. Para tal, é necessária uma reeducação massiva das populações que motive a sua vontade de fazer música como uma forma de lazer pessoal e, também, de terapia pessoal[4].

Para além da simples recreação, ela acredita, ainda, na improvisação como oração e deslocamento para um outro plano de referência. O fluxo contínuo do processamento de estímulos sonoros em um estado de devir musical, em uma atividade de comunicação pré-verbal em que os participantes se buscam, buscando a si próprios, libertando-os de suas personas, pode conduzir o músico, que se encontra em uma improvisação livre, a um estado de transe.

Para que isso ocorra, é necessária uma preparação para o ato de criação, que ultrapassa a preparação musical, no sentido que busca atingir um estado de pré-disposição espiritual que fortaleça a territorialização da ação, como uma ação de alteridade, em que a música não é o fim, mas o meio. Um exemplo interessante é descrito pelo crítico de música português, Rui Eduardo Paes, acerca da experiência do músico Tim Hodgkinson, a partir do relato de um ritual xamânico siberiano feito pelo antropólogo Ken Hyder, na revista canadense *Musicworks*, e que discute o caráter xamânico da música de modo semelhante ao que ocorre nos rituais.

---

**3** A. de Campos, *Música de Invenção*, p. 130.
**4** Apud R. E. Paes, *Stravinsky Morreu: Devoções e Utopias da Música*, p. 57.

Reparou [...] que os feiticeiros de Tuva não desenvolvem técnicas musicais enquanto tal, mas um "meta-virtuosismo" que lhes permite formulá-las consoante as exigências do momento, o que ele pressupôs que dependia exclusivamente do estado mental dos mesmos durante o ritual. E tinha razão: antes de entrarem no 'estado psicológico especial' necessário ao procedimento mágico, os xamãs têm primeiro de se libertar de sua persona de todos os dias. [...] concluiu que a função da música nos rituais xamânicos não tem caráter coletivo: as constantes flutuações temporais servem para tornar o próprio músico xamã cada vez mais sugestionável, de modo a favorecer as identificações com os espíritos convocados[5].

Smetak interessou-se pela improvisação como uma ação transformadora e refletiu sobre ela em dois artigos em forma de ensaio, *A Arte Transcendental da Improvisação* (1978) e *Por uma Improvisação Artesanal* (s/data). Esses trabalhos refletem o período em que vivencia sua maior experiência com um grupo fixo de músicos, o Conjunto de Microtons, dirigido por ele próprio e com o qual desenvolveu, intensamente, durante cinco anos, sua criação a partir da improvisação. Para ele, a improvisação "é uma forma livre de composição, a diferença é só que não há um autor, há muitos autores cujas mentes tem que funcionar simultaneamente"[6].

O aspecto livre e descentralizado da prática em grupo guia-se, porém, pela sombra do próprio compositor. Estimulava o conjunto propondo uma pedra como partitura[7] ou explanando sobre um assunto antes da prática. Interrompia, por vezes, as sessões quando percebia que os músicos estavam trilhando um caminho equivocado. O resultado da prática contínua do grupo, mesmo com algumas pequenas modificações, ao longo dos anos, proporcionou um entrosamento que o levou à criação de muitas músicas que acabaram por ser registradas em *Interregno*. Não que elas já existissem daquele modo, mas a correspondência entre Smetak e os músicos levava a um tipo de condução musical de acordo com o transcorrer da improvisação. É como se houvesse um banco de idéias já experienciadas, armazenadas na memória individual e coletiva e, quando uma situação semelhante acontecia durante uma apresentação, o reflexo era o de buscar na experiência e na memória do coletivo o norte da condução musical.

Nas suas reflexões sobre a improvisação, o compositor valorizava o silêncio, considerando este como a tela de fundo de uma composição.

Essa imagem lembra o *sfumato* de Leonardo DaVinci, que se trata de uma névoa emergente nas áreas mais distantes de uma tela para dar a distância entre o fundo e os volumes em primeiro plano. Smetak considerava o som como um adensamento do silêncio, um silêncio audível, interrompido por silêncios inau-

---

5  Idem, p. 86-87.

6  *A Arte Transcendental da Improvisação*, p. 8.

7  Em seu depoimento, Thomas Gruetzmacher lembra o fato de Smetak, durante um ensaio, ter levado uma pedra que havia achado no caminho e sugerido que o grupo a tomasse como partitura.

díveis. "Deve valer para sempre que o fundo da tela a ser pintada, que no caso da música deve ser branco, representa o silêncio sonoro dos nossos ancestrais e, sem eles, não podemos agir em forma alguma"[8].

No ensaio *Arte Transcendental da Improvisação*, Smetak parece responder a uma proposição musical de um compositor ligado à música concreta que, segundo o autor, propunha uma música sem a melodia, harmonia e ritmo.

> Alguém neste mundo propôs uma idéia muito estranha: sugeriu desistir das 3 partes principais das quais é composta a música, ou melhor, todas as coisas de que é composto o mundo visível, tanto nas suas Trinidades como nas suas substâncias químicas, eletromagnéticas etc[9].

Nesse momento, lembro-me da entrevista com Koellreutter em que este pondera que o compositor suíço, no fundo, era um homem tradicional, pois ainda pensava sobre alguns paradigmas da música tradicional ligada ao instrumento. Nesse caso, Smetak justifica, de uma maneira mística, sua crítica a esse pensamento, dizendo que desistir "da trindade melodia, harmonia e ritmo, seria desistir, não aceitar a velha fórmula: movimento – tempo; tempo – melodia; espaço – harmonia"[10]. E continua se remetendo a uma fórmula hebraica que, se destruída, deixaria apenas o molde, ficaria sem conteúdo. "A trilogia JOD – HE – VAU que é harmonia, jamais pode ser destruída. Ela sintetiza as 3 dimensões, das quais está extraída a possibilidade da 4ª dimensão: he; he é a elite que garante a continuação da evolução"[11].

Em Smetak, nenhuma operação aparentemente simples seria simples para quem não estivesse com condições de acompanhar sua capacidade de subjetivação dentro de uma percepção do real absolutamente própria e original. No entanto, ele constrói seu pensamento, meditativamente, improvisando com a imaginação dentro do seu campo de crenças. E, dessa forma, mais adiante na sua construção, pondera a respeito da proposição acima mencionada:

> Se fosse possível a realização deste alguém, nem a mente ficaria. Isto em si não fazia mal porque sobre a mente pairava ainda a alma e o espírito. [...] Com certeza ficaria uma coisa importante: a percepção que o som é pré-existente no silêncio (o antes-som; não confundir com anti-som). A impossibilidade de tocar o silêncio é evidente. O SOM então é um silêncio auditível de som[12].

Smetak, como um alquimista ou mesmo um pitagórico, defende a trindade musical por considerar a música microscópica, uma influência do macrocosmo,

---

**8** *A Arte Transcendental da Improvisação*, p. 1.
**9** Idem, ibidem.
**10** Idem, ibidem.
**11** Idem, ibidem.
**12** Idem, p. 2.

relacionando a mecânica ao ritmo, o movimento do universo à melodia e à fala do macrocosmo e a harmonia ao campo magnético que penetra na matéria para transformá-la. Embora esse pensamento pareça tradicional, Smetak não falava de melodias, ritmos e harmonias quaisquer. Constantemente falava que harmonia era um complexo de multisons e não apenas a manutenção de consonâncias,

os sons afinados agradam os sentidos. Os sons não temperados podem desagradar os sentidos? Intervalos dissonantes em exposições largas anulam a dissonância, porque o conflito da dissonância foi espalhado. (inversão de micros em macros-intervalos, metros em anos-luz).

Usando [...] as duas [escalas], a afinada e a desafinada, isto é, simplesmente escalas constituídas de microtons, teremos a graça de enormes contrastes e dinâmicas. E ainda mais, conseguindo bem aplicar o silêncio dos sentidos.

Os sentidos da pele exterior e os sentidos da pele interior.

Para ser mais claro nós temos que ouvir e analisar os sons que saiam da caixa para fora e os sons que ficam na caixa. Se pudesse usar os sons que ficam dentro da caixa para fora, teria ganhado uma outra música. Seria esta um tipo de arquétipo da estruturação física dos sons[13].

Cria em ciclos de transformação e as músicas, seus estilos e suas sistematizações (tonal, atonal, microtonal) expressavam estágios da evolução humana. Dizia mais, falava em uma formação humanística para que o homem pudesse seguir sua evolução musical sem se sentir fragmentado. "Na verdade, não se trata de estilos e sim da evolução de estados de consciências, pelos quais passam todos os homens nascidos na terra, para abrangerem totalmente este imenso quadro de freqüências"[14].

Mais uma vez Smetak coloca o fazer musical no centro das preparações ritualísticas de um processo de transformação. Para ele, cada composição musical, no seu sentido formal, nada mais era do que uma peça menor de um organismo vivo maior, restos de uma unidade que se perdeu e que busca se restabelecer na obra total humana. A improvisação seria o fluxo contínuo criativo, devendo "correr como as águas de um rio, as águas sempre são novas, embora que o rio é o mesmo. As águas conservam o rio, o seu nome e o batizam constantemente"[15], responsabilizando cada um de seus criadores pelo restabelecimento da ordem caótica dos sons, a caossonância.

Para o suíço, o improvisador deve estar preparado para o ofício, ou seja, ter cultura elevada, acumular experiências e portar-se como um compositor. No entanto, deve também ser disciplinado e vigilante dos sentidos para

---

**13** *Ensaio para o Artesanato da Improvisação*, p. 8.

**14** Todo Azul Escrevo com Lápis Azul num Céu Azul, em *Revista da Escola de Música e Artes Cênicas da* UFBA, p. 9.

**15** *Ensaio para o Artesanato da Improvisação*, p. 3.

que possa se libertar da escrita. Cornelius Cardew, um dos fundadores do grupo de improvisação AMM, também fala em disciplina na conformação à habilidade de trabalhar coletivamente como sendo o pré-requisito essencial da improvisação[16].

É interessante a distinção entre o sentido que o senso comum atribui ao que é improvisar e o que é dado pelo improvisador. Para Smetak, a boa improvisação é repentina, porém, uma ação intelectual inspirada na própria ocasião já que, para ele, na improvisação valem as intensidades do pensamento, as memórias dos participantes – tanto individuais quanto coletivas –, um domínio do fluxo temporal em relação aos acontecimentos musicais e a confiança em uma direção superior que conduz o seu destino. Entretanto, quando se pergunta se a improvisação substituirá a composição, responde a si mesmo:

> Não, ela é um gênero à parte. Os acontecimentos na improvisação são quase imprevistos, na composição são previstos; o improvisador não tem tempo suficiente para pensar, embora que ele sempre organiza. O compositor tem tempo, dias, meses e anos para complementar sua obra. O sentido de tempo na improvisação é outro. Se ela acontece com felicidade não há percepção de tempo, explica isto, que o tempo do relógio foi bem consumido – não resta tempo. O astronauta sabe da anulação do tempo como o improvisador se ele se coloca em outro estado de consciência. O tempo torna-se volúvel[17].

O sentido da improvisação no gesto criativo ultrapassa a sessão musical; para ele, os atos da vida cotidiana são impulsionados pela força da imprevisibilidade e, sobre ela, deve-se transbordar a força da improvisação acumulada na preparação. Quem improvisa não deve se limitar, deve "improvisar os silêncios, as palavras e os sons". A criação é como fluxo contínuo, a experiência é como a totalidade da existência e da transcendência.

O desenvolvimento da intuição é também tema das reflexões de Smetak. Assim como Stockhausen que, posteriormente às suas obras estruturalistas, produz peças brilhantes dentro do campo da aleatoriedade, dizendo que "a intuição coletiva produz qualidades de que um compositor não é capaz"[18], Smetak crê numa comunicação do grupo através da intuição. Aliás, ela é necessária ao mesmo tempo em que se desenvolve na prática da improvisação coletiva.

Smetak diferencia e classifica quatro modos de improvisação:

1. Improvisação profunda que no fundo é uma meditação mística, tendo um centro imóvel;
2. A improvisação periferal que causa movimento (dançante);

---

**16** R. E. Paes, op. cit., p. 60.
**17** *Ensaio para o Artesanato da Improvisação*, p. 4.
**18** R. E. Paes, op. cit., p. 67.

3. A improvisação de contrapontos rítmicos sem ou com altura determinada de sons. Se for melódica, em repentina variação do tema;

4. A construção inteligente, sensível, de formas pré-estabelecidas com caráter universal se desprendendo de qualquer conteúdo que liga ao passado e de formas conhecidas, guardando porém uma temática segura[19].

Como complemento a essa tipologia smetakiana, citarei aqui a distinção de três modelos de "descoberta do coletivo" feitas pelo músico e historiador da improvisação Nick Couldry[20], que se aproximam de uma determinação de modos de improvisação coletiva:

O Parallel Voices, que incide sobre a igualdade de papéis das vozes instrumentais e sua simultaneidade no decorrer dos eventos sonoros; o Group Voice, cujo objectivo é diluir todas as intervenções individuais num fluxo global em que, idealmente, as contribuições de cada um são indiscerníveis; e, por fim, o Style-Mixing, combinatória da abordagem interindividual com constantes mudanças de direcção ao nível colectivo, de maneira a não se distinguir uma linha condutora definida[21].

É evidente que os dois autores miram seus objetos através de olhares distintos. Diante da conformação mística em torno de aspectos formantes da improvisação como derivados dos formantes do corpo humano, o mental, o copóreo/sensual, o racional e o sensível, que traz Smetak, considerei importante relevar a maneira como o fluxo de informações sonoras e de interatividade entre as singularidades percorre a temporalidade da improvisação coletiva.

Isto pode ser chamado a solidão do improvisador, ou a solidão na multidão. As pessoas que tomam parte neste conjunto devem estar bem alertas nestes minutos para se encaixarem devidamente em trabalhos desindividualizados e com egos subdivididos nesta unidade muito complexa. Porque efetuam o trabalho a construir uma obra no espaço mental temporariamente[22].

Para Smetak, a individualidade não deve ser aniquilada e a liderança está nos sentidos. Os indivíduos, agora juntos num grupo, devem sempre considerar que são visíveis durante a improvisação e que representam uma idéia pré-existente. Parece paradoxal que o gesto libertário da improvisação livre obedeça a regras pré-estabelecidas, mas, aqui também, Smetak é apolíneo e dionisíaco, experimental e conservador, sacro e profano. Propõe o caos para que uma ordem que paira velada sobre ele se restabeleça. Propõe a tradução de luzes em sons,

---

**19** *Ensaio para o Artesanato da Improvisação*, p. 1.

**20** Artigo intitulado Turning the Musical Table – Improvisation in Britain 1965–1990, e publicado na revista *Rubberneck*, apud R. E. Paes, op. cit.

**21** R. E. Paes, op. cit., p. 65.

**22** *Ensaio para o Artesanato da Improvisação*, p. 11.

referindo-se à transfiguração das estrelas, agrupando-as em projeções geométricas e representando-as em intervalos de inúmeras densidades. Toma, desse modo, o céu como partitura, o pré-estabelecido que ressoa no microcosmo.

Sugetão de estrutura:

O CAOS : plano indiferenciado

O seu extrato: o monoísmo

Divisão ao dualismo

Coagulação (pleno domínio da forma)

Ordem esquerda, Ordem no meio, Ordem na direita, Ordem na Ordem

Dissolução

Volta ao caos

Síntese

Continuação num plano paralelo

Modulado para planos cada vez mais altos

Etc, etc. (sem fim e finalidade concreta)

Ou com finalidade concreta...

Metástase.

Avatara. (manifestação total)[23].

Smetak destaca, sempre, o uso da voz e que a música tem caráter provisório, embora esteja sujeita ao envelhecimento quando a unidade triádica instrumento-homem-som é abalada pela desunião do grupo. Sua improvisação dissonante, a caossonância usando os microtons, tem como fundamento o mesmo som gerador do som contínuo do interior do instrumento e do giro mecânico do instrumento cinético. O homem é, para ele, veículo de uma obra superior a ele "como instrumento também é veículo do som. É o cavaleiro que anda em cima do cavalo e os sons, da caixa. Dividindo-se também (sem separar porém) em SONS QUAISQUER e SONS LINGUÁGICOS"[24].

Outra questão interessante é que as Plásticas Sonoras de Smetak, como instrumentos singulares, obrigam o músico ao desafio da exploração quase lúdica na procura dos sons. Não há nem deve haver um virtuosismo individual, o que seria uma contraditória ação do ego musical em algo que se propõe a vir a ser. Tampouco há um virtuosismo de grupo, mas há, sim, a tentativa, a incorporação do erro, o devir comunicacional e a coragem do silêncio.

No final de seu percurso criativo, Smetak retornou ao seu instrumento de formação do qual havia se distanciado por quinze anos, o violoncelo. Durante as gravações de *Interregno*, gravou duas músicas intituladas *Fachos de Luz*

---

**23** Idem, ibidem.

**24** Idem, p. 5.

que, por um descuido da produção, não foram incluídas no disco. Essa "síntese de todas as experiências adquiridas no trabalho anterior"[25], deste modo, ficou guardada silenciosamente, anônima para o público.

Já no final de sua vida, a pouco menos de um ano de sua morte, Smetak silencia, meditativo. Parece mesmo que seu intenso período de criação, nos anos de sua passagem por Salvador, foi uma janela aberta, um portal adentrado no território da transcendência. Retorna à vida, contemplando-a como um visitante, desfrutando a plenitude de cada micro-intervalo da existência, esperando o momento de sua passagem, com a lembrança quase onírica de uma fase de intensa produção...

Será que tocar significa viver com intensidade artisticamente, ou é uma falsa projeção entre o não ser das artes e a vida?

Esta pergunta não me foi respondida até hoje. Senti uma força desconhecida chegar com tanta veemência, não era eu, virei público ouvindo alguém. A música era um ser bem superior a mim, entretanto tomou conta de mim integralmente, como se fosse eu mesmo. Mas ao terminar, voltei a ser um homem comum como qualquer outro, sem poder me manter neste alto nível anterior. Tive a nítida noção de que era necessário fazer aquilo, pouco importando quem servia de instrumento. Vivi, daí adiante, como espectador, observando as emoções, vibrando às vezes, ouvindo música como se fosse minha. Soube, finalmente, apreciar tudo que era nobre e raro, e senti de fato um gênio dirigindo as coisas belas que acontecem no palco da vida. Embora me sentindo um miserável mortal, senti a celebração da imortalidade. [...]

Vi com toda a clareza que nada de novo tinha sido criado, apenas redescoberto por iniciativa própria, com a única pretensão de conquistar e descobrir sozinho os novos continentes, tateando do conhecido para o desconhecido. Este caminho traz muitas felicidades, muitas angústias também, porque, como foi dito anteriormente, a realidade não corresponde ao potencial, mas o Som, também invertido em Luz, pode levar o homem a Ter um vislumbre da Existência[26].

---

**25** Em Potencial, sem Realidade Porém..., 27 de julho de 1983. Disponível em www.gilbertogil. com.br/smetak/takgil.htm
**26** Idem.

# Pós-Texto

A pesquisa desenvolvida sobre o artista Walter Smetak, com enfoque principalmente em seu processo criativo, aponta caminhos no sentido da compreensão da obra plástica e sonora do compositor, bem como os caminhos de ressonância de seu trabalho como inspirador de outros artistas, na atualidade. Abre, também, possibilidades para novos enfoques e desmembramentos de futuras pesquisas, por exemplo, o estudo minucioso da produção musical de Smetak, tendo em vista a sua pesquisa microtonal e sua composição a partir da improvisação coletiva. Outros aspectos que podem ser explorados são a análise minuciosa da totalidade das suas Plásticas Sonoras e de sua produção literária, entre outros temas passíveis de serem abordados.

A princípio, é evidente a necessidade de preservação da sua memória e acervo, já que o trabalho de análise documental e artística da sua obra esbarrou na ausência de estudos em torno de sua obra e na dificuldade de manejo dos documentos do acervo desse suíço naturalizado brasileiro.

Um eixo histórico levantou dados acerca de sua biografia, levando em conta sua formação como músico, sua mudança para o Brasil, sua trajetória até chegar à cidade de Salvador, onde inicia a construção de uma obra plástica e sonora, bem como literária e religiosa. O sentido religioso de sua pesquisa, influenciado por seu envolvimento com a Eubiose, desempenha o papel catalisador de sua necessidade criativa, alternando-se entre a criação de Plásticas

Sonoras, textos literários, dramatúrgicos, além das poesias, sem deixar de lado a experimentação na performance musical.

Uma alternância de atividades esteve muito associada às condições de trabalho possibilitadas pela Universidade da Bahia. Seu período de criação mais ativo nas Plásticas Sonoras coincide com a época em que a Escola de Artes e Música da universidade funcionava como um Seminário Livre e, na medida em que ela foi se institucionalizando, o artista Smetak teve dificuldade para se adequar à instituição que se sedimentava. Para dar vazão à sua necessidade criativa é que busca intensificar suas atividades na literatura, na poesia e na dramaturgia.

O eixo histórico desembocou diretamente em um segundo eixo em que, verificada a trajetória do artista, são focados os aspectos que influenciaram o seu processo criativo. Smetak, como homem do seu tempo, esteve sujeito às rupturas e mudanças dos paradigmas artísticos, traço marcante da arte no século xx. Possuindo habilidades diversas desenvolvidas durante seu período de formação artística e musical, sua obra evidencia aspectos constituintes de sua trajetória pessoal inserida neste período de intensas transformações.

Verificamos que Smetak transitou, muitas vezes e não em uma ordem cronológica evidente, entre as várias fases de sua pesquisa investigativa, embora o movimento de sua produção apresente um claro fluxo partindo do instrumento musical até chegar na Plástica Sonora silenciosa, passando pelos instrumentos cinéticos, coletivos, mergulhando, ainda, na atomização do som através da microtonalidade.

Foi possível observar seus períodos de intensa produção de esculturas sonoras a partir da idéia da chegada de um novo tempo, de uma transformação no mundo, onde o homem deveria ser, no seu íntimo, o principal elemento a ser modificado. Para tanto, acreditava que através do som de um novo instrumento, o instrumento homem seria modificado. A partir disso, Smetak pesquisou instrumentos de outras culturas.

Os espíritos apolíneo e dionisíaco complementam-se em sua obra Plástica Sonora, intermediando-se num contexto mítico de criação, em que o autor coleta símbolos e fragmentos materiais, ressignificando-os num novo objeto. Pude identificar isso na análise da escultura musical Vina, tomando-a como síntese de seu procedimento criativo. Nela, Smetak conjuga sua habilidade de *luthier* – extrapolando o artesanato na confecção do instrumento musical para alcançar o potencial plástico-espacial da escultura – com seu conhecimento e vivência da filosofia tântrica hindu e de outras filosofias orientais e sua sólida formação musical, para criar, não apenas um objeto de interação musical mas, através da performance, um veículo para uma experiência transcendental em que os conteúdos musicais ou escultóricos não mais interessam como finalidade artística e, sim, como meio de transformação do instrumento homem.

O hibridismo latente de sua obra colocou-o entre a música e as artes plásticas, sem conseguir um espaço ideal de trabalho nem em uma nem em outra área. Conseguiu, sim, a esteriotipação de sua imagem como a de um guru, o que, de certa maneira, deixa velado o real sentido e êxito de suas experiências.

As sementes plantadas pelo compositor floresceram em muitos lugares. Influenciou muitos músicos e artistas mas, apesar de ter se preocupado com o destino de sua obra após a sua morte, não conseguiu, efetivamente, preparar o terreno para a continuidade ou mesmo a conservação de seu trabalho. Na maior parte de sua vida na Bahia, sua família, mulher e filhos, estiveram alheios ao seu trabalho e, quando se viram sem o patriarca, sentiram-se despreparados para uma ação organizada na preservação de sua memória. A importância de suas pesquisas não justifica o estado atual da conservação de seu acervo, muito embora, de alguns anos para cá, as ações da família e o crescente interesse na preservação de seu acervo tenham revigorado a possibilidade de continuidade de sua obra, expondo cada vez mais ao público especializado ou não as pesquisas e o pensamento plástico-sonoro do compositor suíço.

Sua criação plástico-sonora encontra hoje ressonância e interesse numa geração de novos artistas que extrapolam o sentido da escultura musical, buscando a criação de instalações sonoras, instrumentos híbridos, plásticas sonoras utilizadas nos mais variados estilos e tendências musicais.

Atualmente, com os avanços tecnológicos em todas as áreas de conhecimento, um grande número de artistas dedica-se à construção de novos instrumentos musicais, plásticas e instalações sonoras. Um exemplo disso é o festival Sound Symposium, realizado bienalmente na cidade de Saint John's, Newfoundland, Canadá que, desde 1986, reúne construtores e instrumentistas de diversos países, promovendo o intercâmbio de idéias e experiências construtivas e de performance[1]. Outros festivais pelo mundo contemplam a produção dessa música ligada à forma plástica, seja na perspectiva do novo instrumento musical, da instalação sonora ou a própria escultura sonora. Em 2002, foi realizado na Argentina o Primeiro Encontro Internacional de Escultura Sonora, no município de Pico Truncado. No Brasil, além das históricas exposições da obra de Walter Smetak (Galeria São Paulo, em 1989; Sesc São José do Rio Preto, em 1997), há um crescente aumento de grupos, artistas e exposições que abordam essa temática.

Em 2006, fui responsável pela curadoria, em conjunto com Alessandra Meleiro, de uma exposição intitulada "Paisagens Plásticas e Sonoras", que reconstruiu e levou a público o trabalho de artistas que, em busca de novas sonoridades, deram forma ao som, aproximando música e artes plásticas na criação de novos instrumentos musicais.

---

1 A. A. Ribeiro, Grupo Uakti, em *Estudos Avançados*, p. 250.

Um dos maiores incentivadores desse tipo de produção é o compositor norte-americano Bart Hopkin que, além de construir esculturas sonoras, escreve e organiza publicações em torno do assunto. Podemos citar também outros artistas estrangeiros, como os ainda ativos irmãos Baschet, o português João Ricardo de Barros de Oliveira, os espanhóis Antonio Orts e Jose Iges, o norte-americano Christian Marclay, entre tantos outros.

Na construção de novos instrumentos musicais, no Brasil, a maior representação desta tendência provém do grupo instrumental mineiro Uakti, na pessoa de seu mentor e compositor Marco Antônio Guimarães.

O grupo existe desde 1978, formado pelos músicos Paulo Sérgio dos Santos, Décio de Souza Ramos Filho, Artur Andrés Ribeiro, além do próprio Marco Antônio que é quem cria e constrói os instrumentos. Apesar de atuarem em uma linha musical distinta do que Smetak propunha, Ribeiro, flautista do Uakti, pontua: "Sem dúvida alguma, a busca de novos sons, por meio da criação de novos instrumentos, foi a mais marcante influência exercida por Smetak na obra de Marco Antônio Guimarães"[2].

Essa influência expressa a importância do trabalho desenvolvido pelo compositor suíço, de forma direta ou tangencialmente, na produção de outros músicos contemporâneos ou posteriores a ele.

Outra tendência decorrente da migração poética do campo das artes plásticas para a criação musical é a concepção de instalações sonoras. Se no conceito da escultura o espectador caminha e rodeia o objeto, no caso da instalação a criação é a do simulacro, que envolve o espectador fazendo-o percorrer e adentrar-se num jogo de percepções que é a própria obra.

A música e as artes interrogam a si mesmas expandindo, assim, seus próprios limites e campos de atuação. É o caso da escultura, que vê surgir, na idéia da expansão da tridimensionalidade, a relação com os materiais e espaços exteriores às formas internas do objeto. Nesse sentido, a instalação dialoga com o espaço que a circunda e o som incorpora-se à forma por ser elemento exterior a ela.

A escultura e a instalação sonoras, vistas como campos entre meios expressivos, as mudanças ocorridas nos conceitos do que vem a ser música e do que vem a ser arte, assim como o pioneirismo de artistas como Walter Smetak e os irmãos Baschet, abriram caminho para se trilhar esse meio expandido das artes. No caso desses artistas, eles ainda aproximaram o conhecimento empírico ao artesanal e ao científico, o elétrico/eletrônico ao acústico, o artista *bricoleur* ao artista engenheiro e, acima de tudo, incorporaram os elementos sonoros aos plásticos nos processos de criação artística.

A experimentação e procura de novos sons muitas vezes aproxima o músico da arte conceitual de Marcel Duchamp, no sentido da apropriação concei-

---

**2** Idem, p. 252.

tual do objeto, levando-o ao status de obra de arte. É o caso dos objetos sonoros Enceroscópio e Buzinório de Tom Zé, uma mistura do *ready made* de Duchamp com os Intornarumoris do futurista Luigi Russolo e é também o caso de Marco Antonio Guimarães e suas Rodas Sonoras, claramente uma referência à roda de Marcel Duchamp.

Outros trabalhos de artistas e coletivos brasileiros, de alguma forma ressoam as experiências de Smetak. São eles Fernando Sardo, compositor e construtor de instrumentos e plásticas sonoras como as obras Pássaro e Terra, e que mantém um grupo de investigação musical e criação de novos instrumentos, chamado GEM; o também compositor Marcelo Petraglia que, além de inventor de novos instrumentos musicais, como a Viola de Leque, Flexabau e o Recoleque, faz um estudo das imagens criadas a partir da vibração sonora; o escultor Carusto Camargo que, após ter contato com a obra de Smetak, passou a conceber esculturas sonoras em cerâmica e metal; o compositor Wilson Sukorski, criador de plásticas-eletro-sonoras, tais como O Peixe, Roda Móvel e o Baixo Totem, entre outras; o artista Paulo Nenflidio e suas engenhocas Música dos Ventos, Lusco Fusco e Lugares Sonoros; o compositor Livio Tragtenberg e suas instalações sonoras como a Orelha Elétrica, que é uma cornucópia na qual, quem adentra e se aloja, é transportado, sonoramente, a paisagens inesperadas; o coletivo carioca Chelpa Ferro, que tem participado de exposições nacionais e internacionais com seu trabalho de instalação sonora que, freqüentemente, relaciona os ruídos da tecnologia humana com aspectos plásticos e espaciais. Outros tantos artistas brasileiros e estrangeiros fazem a junção dos potenciais plásticos e sonoros, junção dos conceituais de espaço e tempo na forma de instrumento musical, seja ele miniaturizado em forma de escultura musical, ou mesmo expandido em forma de simulacro, ou instalação sonora.

Conheceram, eles, Smetak? Creio que essa talvez seja uma pergunta difícil de se responder até mesmo para os que conviveram com ele. O tipo de influência exercida por ele parece instigar a imaginação de uma maneira silenciosa. Aliás, o que é o componente essencial da improvisação, tanto para o executante quanto para o ouvinte, pode ser encontrado na totalidade da obra de Smetak, que parece improvisar, exigindo, de quem a "ouvivelê" uma capacidade de imaginação e de inventividade para poder tatear a compreensão.

Na realidade, essa dúvida paira sempre que ouço alguém falar de Smetak, mas sem que deixe de persistir a aura de ilustre desconhecido.

A proximidade de escuta. A característica singular e inacabada dos "instrutores de mente/instrumentos", os instrumentos, ou, mais especificamente, as Plásticas Sonoras, ponto de onde partiu o velho suíço – da simplicidade do "Mundo" – para inacabar-se na idéia da plástica sonora silenciosa – na qual o espectador, que passa a ser compositor, extrai da perspectiva tridimensional do objeto a possibilidade do som, lida por Smetak como a quarta dimensão –, já perto do final de sua trajetória entre nós, transmutou-se em "Fachos de Luz", com o solo inédito de violoncelo ouvido por poucos durante a gravação e mixagem de *Interregno* para, em seguida, silenciar e se recolher.

Inacabado. Seu trabalho tem os ares do inacabado, um estado de eterno porvir, vir a ser, ser e vir. A apreensão e o sentido do objeto só se encerram no toque, na interferência, na interação mesmo quando silenciosa e na individuação, ainda que coletiva.

Iniciático? Sim, no que se refere à sugestão de que somente quem já experienciou essa sessão catártica, dionisíaca, pode abstrair a impressão reducionista da gravação analógica, ou mesmo digital, no que se relaciona à abrangência corpóreo-espaço-temporal da improvisação performática – e, então, apreender o sentido totalitário da escuta.

Não, pois a sonoridade emana e ressoa no receptáculo, sugerindo e se identificando com as reações características de cada sujeito, podendo ir do toque à repulsa!

Iniciático. Inusitado. Inacabado. Smetak transmite muito mais o resultado de uma experiência singular (entendendo o grupo como unidade) vivenciada, agora sim, iniciaticamente por cada um dos músicos, do que uma aventura estética como a que transparece em *Smetak*. Nesse sentido, penso na riqueza da improvisação como processo educativo: pelo desenvolvimento da capacidade de comunicação não-verbal, pela receptividade dos decodificadores sensoriais aos signos imateriais que associamos ao conceito de intuição e pelo desenvolvimento da capacidade de dilatação do estágio de primeridade diante do estímulo.

Ao invés de ter a percepção do objeto retido no piscar de olhos, pode-se pegar, tatear, abraçar e devolver o objeto ao campo semântico. Outro aspecto a ser evidenciado é a presença de um processo de interiorização da identidade coletiva sem que haja perda da singularidade.

Microtonalidade. O espaço (tonal) vivenciado na composição "Tendenciosa" seria o de uma linha de tecido no momento que cai, planando do armário ao chão. Entretanto, não dá pra reduzir a uma imagem a experiência da escuta. É bastante delicada e livre a articulação formal dessa música, pois que é provocada pela extrema proximidade harmônica e timbrística desses pequenos templos ou templos em miniatura, como preferia dizer Smetak de suas Plásticas Sonoras. Outro aspecto da escuta da obra é a acentuada referência a um outro padrão de afinação sugerido pela flauta transversal e pelo órgão Yamaha, em que a territorialidade imantada e a esforçada tentativa de contenção diante de frágeis sonoridades causam, nesse caso, uma tensão interessante para a audição. Mas, sem dúvida, de frágeis esses sons não têm nada, não pertencem a este mundo, ou melhor, não conduzem a este mundo.

Smetak anteviu sua morte e sua ressurreição. Esta aconteceria no ano de 2005, época em que seu nome foi celebrado em um festival na Alemanha, em exposições no Itaú, no Sesc Pinheiros, em São Paulo, e em uma série de iniciativas que persistem com a tentativa de manter a memória de sua intensa criação.

Coincidência ou premonição? O importante é destacar que sua obra original e metafísica ultrapassa uma rotulação mística, no sentido simplista do termo, e deve alcançar o respeito e a dignidade compatível com a grandeza do que ele projetou, propôs e fez, como um alquimista lidando com sons, como um pioneiro e um profeta-visionário de uma multimídia desplugada.

# Créditos das Ilustrações

Agradeço especialmente à família de Walter Smetak pelo apoio na publicação desse trabalho e aos fotógrafos Claudiomar Gonçalves e Rômulo Fialdini por cederem as fotos para reprodução no livro.

Fotos de acervo familiar, cedidas por Bárbara Smetak

*Jovem Smetak e seu violoncelo*, s/data, p.11.

*Smetak e a "Prostituta da Babilônia"*, s/data, p. 27.

*Smetak e o Ovo*, s/data. p. 75.

*Velho Smetak*, s/data, p. 134.

Fotos de Claudiomar Gonçalves, extraídas do livro *A Simbologia dos Instrumentos*

p. 33, p. 34, p. 47, p. 48, p. 49, p. 55, p. 56, p. 62, p. 79, p. 80, p. 84, p. 85, p. 87, p. 92, p. 103, p. 104, p. 105, p. 106, p. 107, p. 108, p. 109, p. 110, p. 119.

Fotos de Marco Scarassatti

p.55 (Tímpanos), p. 88, p. 89, p. 90, p. 120.

Foto de Rômulo Fialdini

p. 121

# Referências Bibliográficas

AZEVEDO, Wilton. Smetak e suas Esculturas Sonoras. In: *Design de Interiores*, ano 2, n.13, São Paulo, 1989.

BARRETO, Jorge L. *Anarqueologia do Jazz I – Jazz Band (1900–1960)*. Lisboa: A Regra do Jogo Edições, 1984.

_____. *Jazz off*. Porto: ed. Paisagem, 1973.

_____. *JazzArte 2*. Lisboa: ed. Hugin, 2001.

BIRIOTTI, Leon. Grupo de Compositores da Bahía – Reseña de un Movimiento Contemporaneo. In: *Publicaciones del Instituto de Cultura Uruguayo-Brasileiro*, Montevideo, n.19, setembro de 1971.

BLAVÁSTKY, Helena. *A Doutrina Secreta*, 1888.

*BOLETIM DO GRUPO DE COMPOSITORES DA BAHIA*. Salvador: Escola de Música e Artes Cênicas, Departamento de Composição, Literatura e Estruturação Musical, UFBA, n. 4, 1970.

BRITO, Teca A. de. *Koellreutter Educador*: O Humano como Objetivo da Educação Musical. São Paulo: Peirópolis, 2001.

CAMPOS, Augusto de. *Música de Invenção*. São Paulo: Perspectiva, 1998.

CARRILLO, Juan. *Sonido 13. Fundamento Científico e Histórico*. Cidade do México, s/e, 1948.

DANIELOU, Alain. *Indian Music*. Paris: Unesco, 1959.

DOURNON, Geneviève. *Guide pour la collecte des instruments de musique traditionnels*. Genebra: Les Press de l'Unesco, 1981.

ECO, Umberto. *A Estrutura Ausente*: Introdução à Pesquisa Semiológica. São Paulo: Perspectiva, 3. ed., 1976.

_____. *A Definição da Arte*. Rio de Janeiro: Elfos/ Lisboa: Edições 70, 1995.

_____. *Obra Aberta*: Forma e Indeterminação nas Poéticas Contemporâneas. São Paulo: Perspectiva, 8. ed., 1991.

EHRENZWEIG, Anton. *A Ordem Oculta da Arte*. Rio de Janeiro: Zahar Editores, 1977.

*ESTATUTO da Associação Amigos de Walter Smetak*. Salvador: 20 de agosto de 1984.

GRIFFITHS, Paul. *A Música Moderna*. Rio de Janeiro: Jorge Zahar Editor, 1987.

GROPPER, Symona. Smetak, o Bruxo no Mundo dos Sons. *Jornal do Brasil*, Rio de Janeiro, 6 de maio de 1972. Caderno B.

HENRIQUE, Luís. *Instrumentos Musicais*. Serviço de Educação, Lisboa: Fundação Calouste Gulbenkian, 2. ed., 1994.

IAZZETTA, Fernando. *Música*: Processo e Dinâmica. São Paulo: Annablume, 1993.

*INFORMATIVO*. Salvador: Associação dos Amigos de Walter Smetak, 1985.

KANDINSKY, Wassily. *Do Espiritual na Arte*. São Paulo: Martins Fonte, 1996.

KATER, Carlos. *Música Viva e H. J. Koellreutter*: movimentos em direção à modernidade. São Paulo: Musa/Atravez, 2001.

LIAÑO, Ignácio Gómez de. *Athanasius Kircher*: itinerário del éxtasis o las imágenes de um saber universal. Madrid: ediciones Siruela, 1985.

LIMA, Marisa Alvarez. *Marginália*: arte e cultura na idade da pedrada. Rio de Janeiro: Salamandra, 1996.

KRAUSS, Rosalind E. *Caminhos da Escultura Moderna*. São Paulo: Martins Fontes, 1998.

KUBRUSLY, Maurício. A Maioria Não Vai Gostar Desse Disco. A Minoria Também Não. *Jornal da Tarde*, São Paulo, 1974. Divirta-se

LÉVI-STRAUSS, Claude. *O Pensamento Selvagem*. Campinas/São Paulo: Papirus,1997.

LOZANO, Jorge Eduardo Aceves. Prática e Estilos de Pesquisa na História Oral Contemporânea. In: AMADO, Janaína; FERREIRA, Marieta de Moraes (Coord.). *Usos e Abusos da História Oral,* Rio de Janeiro: Editora da Fundação Getúlio Vargas, 1998.

MARIZ, Vasco. *Historia da Música no Brasil*. Rio de Janeiro: Civilização Brasileira, 1994.

MORAES, J. J. de. *Música da Modernidade, Origens da Música de Nosso Tempo*. São Paulo: Brasiliense, 1983.

MORAES, Renato de. O Alquimista de Sons. *Veja*, São Paulo, 5 de março de 1975. Páginas Amarelas.

NÉSPOLI, Eduardo. *Perfomance e Ritual*: processos de subjetivação na arte contemporânea. Dissertação de mestrado, Instituto de Artes, Unicamp, 2004.

NEVES, J. M. *Música Contemporânea Brasileira*. São Paulo: Ricordi Brasileira, 1981.

NIETZSCHE, Friedrich Wilhem. *O Nascimento da Tragédia ou Helenismo e Pessimismo*. São Paulo: Companhia das Letras, 1992.

OHTAKE, Ricardo. *Instrumentos Musicais Brasileiros*. São Paulo: Rhodia, 1991.

OSTROWER, Fayga. *Criatividade e Processos de Criação*. Petrópolis: Vozes, 1987.

PAES, Rui E. *Stravinsky Morreu: Devoções e Utopias da Música*. Lisboa: Hugin, 2003.

PAREYSON, Luigi. *Estética: Teoria da Formatividade*. Rio de Janeiro: Vozes, 1993.

_____. *Problemas de Estética*. São Paulo: Martins Fontes, 1994.

PAZ, J. C. *Introdução à Música de Nosso Tempo*. São Paulo: Duas cidades, 1976.

PEIRCE, Charles Sanders. *Escritos Coligidos*. São Paulo: Abril Cultural, 1974. Coleção Os Pensadores.

_____. *Semiótica*. São Paulo: Perspectiva, 1980.

_____. *Semiótica e Filosofia*. São Paulo: Cultrix, 1972.

PIGNATARI, Décio. *Comunicação Poética*. São Paulo: Cortez & Moraes, 1977.

_____. *Informação, Linguagem, Comunicação*. São Paulo: Perspectiva, 1968.

PLAZA, Julio. *Tradução Intersemiótica*. São Paulo: Perspectiva, 1987.

PLAZA, Julio; TAVARES, Mônica. *Processos Criativos com os Meios Eletrônicos*: Poéticas Digitais. São Paulo: Hucitec, 1998.

QUEIROZ, Maria Isaura Pereira de. *Variações sobre a Técnica de Gravador no Registro da Informação Viva*. São Paulo: CERU e FFLCH/USP, 1983.

RENNÓ, Carlos. *Gilberto Gil: Todas as Letras*. São Paulo: Companhia das Letras, 1996.

*REVISTA AQUARIUS*. Ano 8, n. 26, 1982.

*REVISTA VEJA*. São Paulo, 18 de agosto de 1971.

RIBEIRO, Artur Andrés. Grupo Uakti. In: *Estudos Avançados*. São Paulo: Instituto de Estudos Avançados–USP, v.14, n. 39, 2000.

RISÉRIO, Antonio. *Avant-garde na Bahia*. São Paulo: Instituto Lina Bo e P. M. Bardi, 1995.

SANTAELLA, Lúcia. *O que é Semiótica?* São Paulo: Brasiliense, 1983.

SCARASSATTI, Marco A. F. *Retorno ao Futuro: Smetak e suas Plásticas Sonoras*. Campinas: Instituto de Artes da Unicamp, 2001. Dissertação de mestrado.

_____. Smetak e suas Esculturas Sonoras: a Divina Vina como Síntese de um Procedimento Criativo. In *Epílogos y Prólogos para un Fin de Siglo: Anais da VIII Jornadas de Teoría e Historia de las Artes*. Buenos Aires, 1999.

SCOVILLE, Jon. Instrument Innovations: Brazil's Walter Smetak: an introduction. *Percussive Notes*, v. 25, n. 1, 1986.

SHANKAR, Ravi. *Musique, ma vie*. Paris: Stock Musique, 1980.

SMETAK, Walter. *Ante Projeto Projeção: O Som da Música Não Programado por Meios Naturais*. Salvador, 1977, manuscrito.

_____. *A Arte Transcendental da Improvisação*. Salvador/Curitiba/Vila Velha, 1978, manuscrito.

_____. *A Caossonância, Texto para um Livro ou um Filme*. Salvador, 1976, manuscrito.

_____. *A Caverna*. Salvador: Associação dos Amigos de Walter Smetak, [s/d.].

_____. *Diversos Koncretas*. Salvador, 1974, manuscrito.

_____. *Em Potencial sem Realidade Porém...*, disponível em www.gilbertogil.com.br/smetak/takgil.htm, 1983.

_____. *Ensaio para o Artesanato da Improvisação*. [S/d.], manuscrito.

_____. Entrevista de Smetak, encarte de *Smetak*, Phillips, 1974.

_____. Histórico sobre as Plásticas Sonoras. In: *Nova Objetividade Brasileira*. Rio de Janeiro: Museu de Arte Moderna, 1967. Catálogo da exposição.

_____. *Projeto de Pesquisa*. Salvador, 1978, manuscrito.

_____. *O Retorno ao Futuro*. Salvador: Associação dos Amigos de Smetak, 1982.

_____. *A Simbologia dos Instrumentos*. Salvador: ed. Omar G., 2001.

_____. Todo Azul Escrevo com Lápis Azul num Céu Azul. In: *Revista da Escola de Música e Artes Cênicas da UFBA*. Salvador, out-dez, 1981.

*SMETAK, Eu Sou um Decompositor Contemporâneo*. São Paulo: Galeria São Paulo, 1989. Catálogo da exposição.

TINHORÃO, José Ramos. Viva Smetak que, como o Povo, Faz sua Música com as Mãos. *Jornal do Brasil*, Rio De Janeiro, 16 de abril de 1975. Caderno B.

TISDALL, Caroline; BOZZOLA, Angelo. *Futurism*. Londres: Thames and Hudson, 1977.

TRAGTENBERG, Lívio. *Artigos Musicais*. São Paulo: Perspectiva, 1991.

TRANCHEFORT, F. R. *Los Instrumentos Musicales en el Mundo*. Madrid: Alianza Editorial, 1985.

ZILSEL, Edgar. The Sociological Roots of Science. *American Journal of Sociology*, n. 42, 1942.

ZIMMER, Heinrich. *Filosofias da Índia*. São Paulo: Palas Athena, 1997.

_____. *Mitos e Símbolos na Arte e Civilização Indianas*. Lisboa: Assírio & Alvim, 1997.

**Discografia**

*Acustica*, Mauricio Kagel - Deutsche Gammophon, 1971.

*Chronophagie "The Time Eaters"*. Music of Jacques Lasry, played on Structures Sonores Lasry-Baschet, [s/d.].

*Compositores da Bahia 2* – UFBA 1001 - 1970.

*Gravikords, Whirlies & Pyrophones*. Bart Hopkin, Elipsis Arts, 1998.

*Interregno*. Walter Smetak & Conjunto de Microtons, 1979. Fundação Cultural do Estado da Bahia.

*Smetak*. PHILLIPS, 1974.

*Todo Azul, Escrevo com Lápis Azul, num Céu Azul*. Celso Aguiar, cd *Música Maximalista*, v. 4, 1997.


**Obras de Outros Compositores
Utilizando as Plásticas Sonoras**


Milton Gomes, 1916 –1974

- *Montanha Sagrada* (1969) inclui, além de Flauta Block, Flauta êmbolo e violoncelo, Biflauta, Flauta Selva, Tímpanos vermelho, azul e amarelo, Três Sóis, Vau, Sinos, M2005, Choris, Gamba, Vina, Monobaixo e Ronda (LP: *Compositores da Bahia* v.2)
- *Prólogo a Um Prelúdio do Homem* Cósmico (1970), utiliza, além de Piano, Violoncello e coro, Choris, Ronda, Tímpano, Apito, Boré, Vau, Sinos. Estréia 1970, Reitoria da UFBA.

Ernest Widmer, 1927 – 1988

- *Rumos*, opus 72 (1970). Composto para Narrador, Fita Magnética, Coro e Orquestra e Instrumentos Smetak: Três Sóis, Ronda e Baixo Mono. Estréia, julho de 1977, Festival de Inverno, Belo Horizonte, com a participação de Walter Smetak e regência de Ernest Widmer.

**Filmografia**

*Smetak*
Diretor: Luiz Carlos La Saigne
Fotografia: Luiz Carlos Saldanha
Montagem: Eunice Gutman
Produtor: OAC/MEC
Cor, 16mm, 16 minutos, 1976
Brasil

*O Alquimista dos Sons*
Diretor: José Valter Lima
Fotografia: Mário Cravo Neto
Montagem: Ricardo Miranda
Produtor: Fundação Cultural do Estado da Bahia
Cor, 16mm, 17 minutos, 1977
Brasil

Documentário:
*Programa: "Titel tese temperamente"*
Canal: ZDS
Direção: Karl Bruger
Ano de produção: 1972
Alemanha

\* Foram encontradas, também, 15 fitas do áudio do filme de Luiz Carlos La Saigne, contendo depoimentos de Smetak, de Ernest Widmer, sons de alguns de seus instrumentos, além de três sessões de improvisação musical realizadas por Smetak e seus alunos durante as filmagens. Foram achadas, ainda, durante a pesquisa, mais 68 fotos em preto e branco dos instrumentos de Walter Smetak, feitas em 1976, além das 78 fotos feitas por mim em duas viagens a Salvador.

# Roteiro e Créditos do CD

Depoimentos de Walter Smetak gentilmente cedidos pelo cineasta Luiz Carlos La Saigne. Gravações de 1975.

| | |
|---|---|
| *Concepção* | Marco Scarassatti |
| *Edição e Produção musical* | Nelson Pinton (Vitrola Digital Estúdio) |
| *Direção Musical* | Marco Scarassatti e Nelson Pinton |

**Faixa 1:  Babel Smetak (2008)**   *00:00:27:74*

> *Composição*   Nelson Pinton a partir dos depoimentos de Walter Smetak ao cineasta Luiz Carlos La Saigne em 1975

**Faixa 2:  Violão Imaginário (1996)**   *00:04:37:40*

> *Composição*   Marco Scarassatti
> *Violão microtonal*   Frederico Grassano Jorge (*in memoriam*)
> Transcrição de DAT recuperadas e remasterizadas

**Faixa 3:  Os sons que existem dentro de um semitom / Partitura e Cluster**
*00:00:33:25*

> Depoimentos de Walter Smetak ao cineasta Luiz Carlos La Saigne em 1975

**Faixa 4:**   **TzimTzum (2008)**   *00:11:40:00*

| | |
|---|---|
| *Composição aberta* | Marco Scarassatti |
| *Piano* | Nelson Pinton |
| *Performance no emblema* | Eduardo Néspoli, |
| *sonoro TzimTzum e em* | Marcelo Bomfim e |
| *outros objetos sonoros* | Marco Scarassatti |

**Faixa 5:**   **Fragmento de um diário (1976)**   *00:02:55:29*

Depoimentos de Walter Smetak ao cineasta
Luiz Carlos La Saigne em 1975

**Faixa 6:**   **Surdez (2007)**   *00:07:44:43*

| | |
|---|---|
| *Composição* | Marco Scarassatti |
| *Desenho sonoro* | Nelson Pinton |
| *Performance* | grupo Olhocaligari |
| | Denis Koish [baixo elétrico] |
| | Marcel Rocha [guitarra elétrica] |
| | Julio de Oliveira [guitarra elétrica e |
| | processamento de sons da floresta] |
| | Juli Manzi [voz e poesia inaudível] |

**Faixa 7**   **O estado da mesma coisíssima...**   *00:01:38:29*

Depoimento de Walter Smetak ao cineasta Luiz
Carlos La Saigne em 1975

**Faixa 8:**   **Transmutação (1996)**   *00:04:01:32*

| | |
|---|---|
| *Composição* | Frederico Grassano Jorge (*in memoriam*) e |
| | Marco Scarassatti |
| *Violão* | Frederico Grassano Jorge |
| *Processamentos e* | Marco Scarassatti |
| *programação* | |

Transcrição de DAT recuperadas e remasterizadas

**Faixa 9:** **Mr. Playback** *00:01:35:53*

                    Depoimentos de Walter Smetak ao cineasta
                    Luiz Carlos La Saigne em 1975

**Faixa 10: Quero ouvir isso...** *00:00:24:11*

                    Depoimento de Walter Smetak ao cineasta
                    Luiz Carlos La Saigne em 1975

**Faixa 11: Magnum Chaos – versão completa (2006)** *00:07:48:40*

        *Composição e*    grupo Sŏnax
         *performance*    Marco Scarassatti,
                           Nelson Pinton e
                           Marcelo Bomfim

**Faixa 12: Piston Cretino** *00:01:21:37*

                    Depoimento de Walter Smetak ao cineasta
                    Luiz Carlos La Saigne em 1975

                    Tempo total: 45 minutos, aproximadamente.

**MARCO SCARASSATTI**

Músico formado pela Unicamp, com mestrado em Multimeios e doutorado em Educação. Compositor, cria trilhas sonoras para teatro, dança, vídeo e cinema, além de projetos de ambientação e instalação sonoras. Integrante do coletivo de artistas sonoros, o Sŏnax, desenvolve pesquisas musicais de construção de plásticas sonoras e performances utilizando a interação entre esses objetos, elementos de *live-eletronic* e a improvisação musical.

Este livro foi impresso
em São Paulo, nas oficinas da
Gráfica Palas Athena para a
Editora Perspectiva S.A., em
dezembro de 2008